手绘中国
Painting CHINA

字绘武汉

Zì Huì Wǔ Hàn

主编／徐郑冰 沈娟

长江出版传媒 | 湖北美术出版社

心有千千结，创意绘大千

从远古结绳记事到仓颉造字，经过了千万年历程。汉字由“象”入形，从表形、表意、表音演变到书法、图形、符号，是滋养中华民族的精神食粮，是祖先留给我们的宝贵文化遗产，是荒蛮走向文明的标志。本书作者把汉字当作创意的基础，在平面文字结构的基础上，对中华文明有了高度的认识，由衷地喜爱与自豪，于是“绘”出了创意并且形成独特的城市文化符号。

武汉是一座历史文化名城，是一座有故事、有梦想、有温度、有魅力的城市。徐郑冰、沈娟两位老师指导其团队成员深入观察、掌握城市散发出的讯息，以汉字为介质，把武汉“装”进汉字里，在实践中落实“服务地方经济社会发展，培养应用型人才”原则，着力培养“创意独特”（有思想、主见）、“技艺高超”（有技能、方法）、“情智兼备”（有情怀、伦理），有突出应用能力的卓越创意设计师，是值得肯定的。

湖北大学艺术设计研究所所长、教授／许开强

在最好的时代保持敏感

其实，对每一位即将成为设计师的小伙伴，我都会问一句：“真的喜欢做设计这一行吗？”如果不喜欢，硬是去做的话，皮囊和内心会被双双折磨至死。而且，我一直认为长期以来的相处可以增进友谊或者亲情，却培养不出堪比金坚的爱情。开头我说的这些，好像显得太过现实和伤感。即便如此，何以见得不是单相思或者是一场虐恋正在发生？请谅解，我所指的是个人与所从事的专业之间那段丝丝入扣的情感关系。如有发生，值得珍惜……

我仔细阅读了本书每一位设计师的设计作品，就好像看完一场场情感大戏。带有强烈的时代、地域特色，人物性格纠结的图形内容，以“强迫症”的表现形式，“傲娇”地展现出来，我完全收到！它们泛着水腥气，混合着芝麻酱和木柴烟火的味道！收到这些，或许因为我也是设计师、武汉人，但唯独不因为我是他们的老师……时间和距离给了我们重新打量自己的机会。

常常庆幸自己生于这个年代。从抱有理想到认清现实，再到回归理想的“买定离手”；在精神和物质世界此消彼长的焦虑中游移；在谨慎悲观和几近癫狂的夹击中平衡内心；在屌丝世界里寻找一切未知。然而，我渐渐预感到，现在和不久的将来，是属于设计师的最好的时代！

这是最好的时代！正如14~16世纪文艺复兴之于艺术家。文艺复兴基于生产力的高度发展。我们正面临产能过剩，面对产能过剩背后的审美的世俗和扭曲。然而我们终于可以欣喜地看到，站在这个时代风口浪尖的Jobs、Musk、Zuckerberg这样的“产品人”，带动着全球“产品人”不断涌现。这，正是我们期待已久的设计师们最好的“伙伴”。一起发掘源于内心深处的灵感、真诚和义无反顾。在时间机器加速之后，在感觉到自己对世界的需求减弱之前，保持那些珍贵的敏感。寻找生活之美以及她与设计之间的微妙爱情。每一个细胞的灵魂都被唤醒，竟是如此大快人心……

潘虎 Tiger Pan

目录

江岸位于长江西北岸，早年是汉口镇下游的一片旷地，1861 年汉口开埠通商，江岸一带成为华中地区物资集散地、全国外贸转口中心。各国商人、传教士纷至沓来，开办洋行、银行、工厂、教堂和学校，留下了数不尽的故事和别样的风情。

如今，江岸保存完好、仍在使用的老建筑数不胜数，置身其间，仿佛穿越时空，体味历史与时光的味道。百年沧桑，国门洞开，让中国人睁眼看到了外面的世界。因为见识较之同时代的人来得开阔，江岸在中国革命史上，也有着光辉的过往，著名的“二七”大罢工和“八七”会议都在此发生。

与老租界一条马路之隔，是长达 16.2 公里的汉口江滩，老租界里精神矍铄的老人，与江滩上嬉戏玩水的孩子，构造出一幅况味悠远的图景。

Jiang An 江岸

Yangtze River 长江

武汉的故事肯定要从长江开始讲起。距今一万年以前，长江出三峡、汉江出丹江口后，在江汉平原一带奔涌交汇。因地势低洼，汇成一块荒芜广阔的沼泽湿地，即古人所说的“云梦泽”。每当汛期来临，长江和汉水洪水漫流，云梦泽江湖不分，江水携泥沙而来，水流趋缓，泥沙淤积，淤出洲滩，慢慢形成江汉内陆三角洲。洪水退去后，土沃草丰的洲滩引来了移民围垦，汉阳、武昌慢慢形成。1474年，汉水改道，又把汉阳的一部分分了出去，成为汉口，武汉三镇的格局，由此奠定。武汉，可以说是一座由长江冲出来的城市。

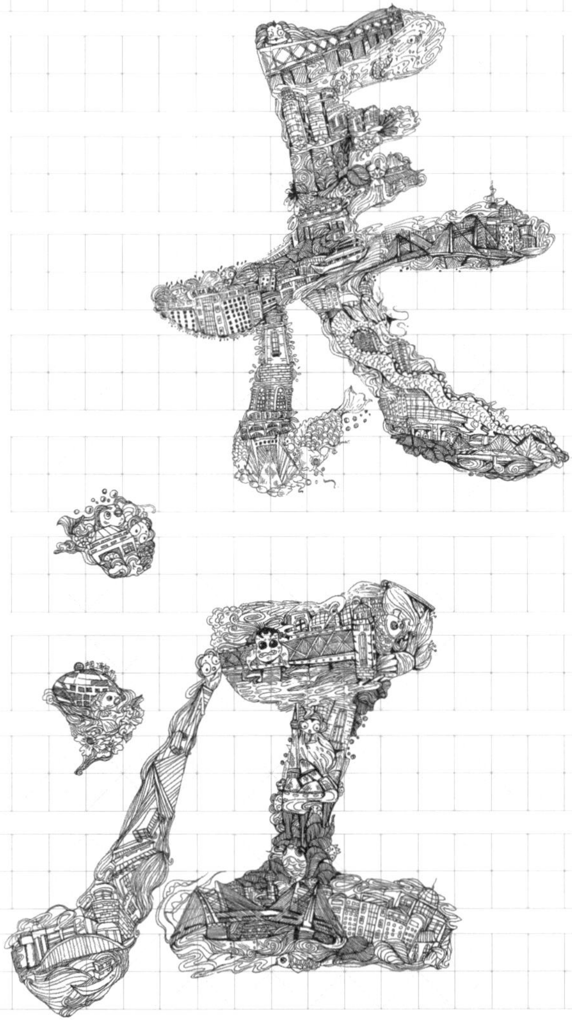

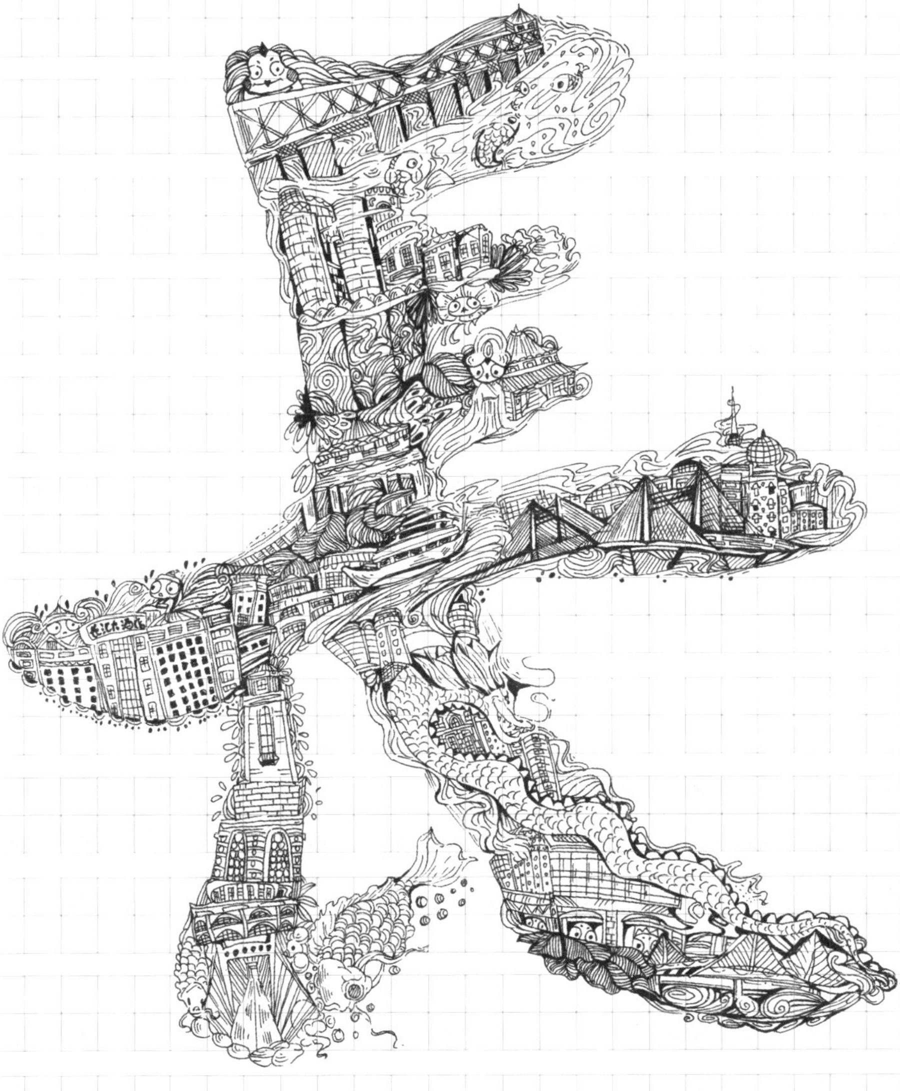

武汉的历史就是与长江的关系史。千年以来，奔腾的长江给武汉带来了无限的机会，武汉也未曾辜负长江，三镇并驾，声势响彻中华。昔日江湖不分，人畜难居，今天，在长江灌溉出来的沃土上，“湖广熟，天下足”，江汉平原成为天下粮仓。昔日水波浩渺，舟船畏惧，一百多年前，汉口借着长江的“黄金水道”，大兴贸易，云集商贾，跻身“四大名镇”，风光无限，并在清末率先开埠，成为近代工业的发祥地之一，被冠上“东方威尼斯”的美誉。昔日长江阻断交通，1957 年，第一座长江大桥建成通车，从此三镇交通一线牵。昔日大水围城，今天，堤防成了江滩休闲广场，龙王庙的险段也有了亲水平台……

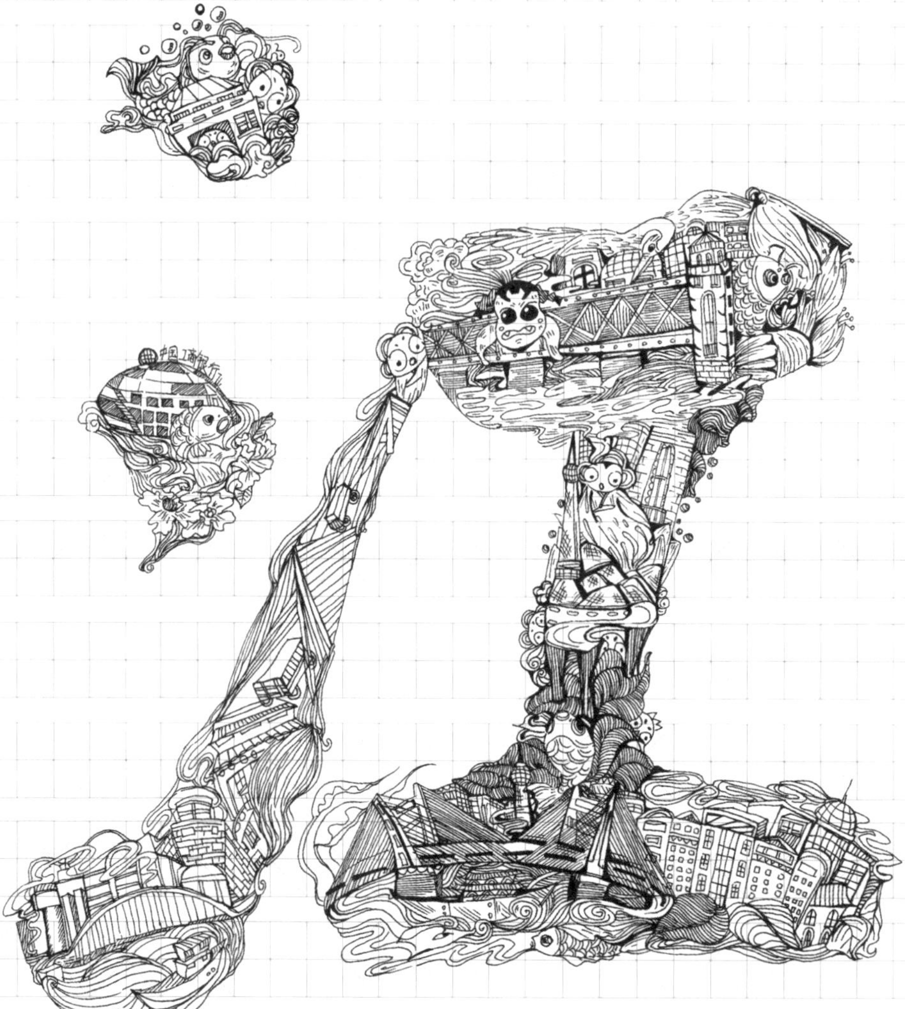

没有一座城市像武汉这样，与长江的对抗争斗不休不止。清道光以前，武汉平均每 20 年就有一次成灾洪水。“十年一遇”“百年一遇”，在武汉人眼里，都是日常使用的词语，而非夸张的修饰。古代，汉口一直人烟稀少，最大的原因就是地势低洼，每到梅雨季节，便汪洋肆虐、陆地行舟，不宜人居。一直到几座大堤修筑好，汉口才迎来了发展的黄金时期。待三峡大坝修好，长江才渐渐从那脾气阴晴不定的女友，变成了武汉温柔善良的妻子。小时候，住在江边的孩子大概会有这样的记忆：老师会教，万一洪水来了，男同学要先用板凳桌子把女同学运出去；各企业的职工，每到汛期都要上大堤，帮助抗洪守堤；年长一些的老人们则通过数江水中台阶的方式，精确地预测着江水的涨落。抗洪，一直都是武汉人生活的重要片段。

Hankou Riverside Park

汉口江滩

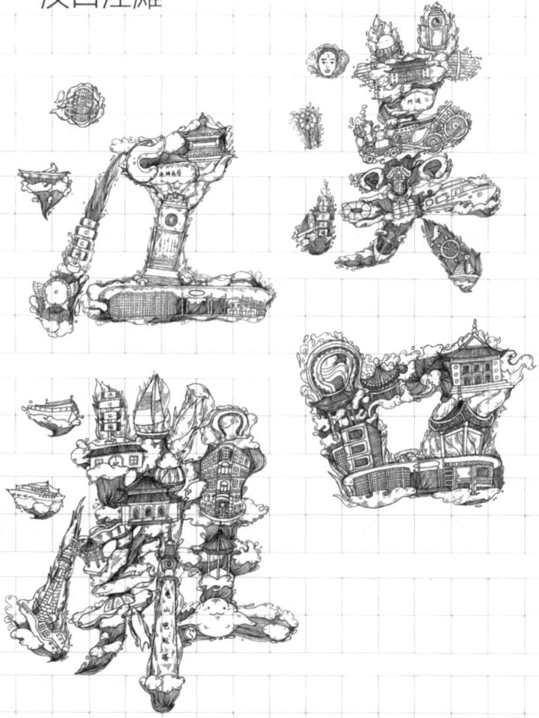

20 世纪 70 年代，武汉市沿江滩涂堆满了垃圾、瓦砾和违章建筑物，不仅没有美感可言，还抬高了市内长江水位。堤岸不但没有起到防洪蓄洪的作用，反倒成为安全隐患。

新世纪初，武汉对沿江滩涂进行了综合整治，往日芜杂的面貌焕然一新：“两江四堤八林带，火树银花不夜天。”面积是上海外滩八倍的武汉江滩，拥有三层观水平台，每至汛期会有如在海边的感觉。人们可以顺阶而下，和江水靠得更近。江滩景观轴与堤防景观带、滨江亲水带相辅相成，漫步新江滩上，常可见到三三两两的游人漫步在绿树繁花之中，穿行于鹅卵石铺成的小径之上，享受着忙碌生活中难得的闲适。“大气、精致、宁静、开敞、简洁”成为新江滩的最好注脚。

江滩之美，美在人与水的亲密。一侧是浩浩荡荡的长江水，一侧是音乐喷泉、水上乐园、戏水梯台，流连江滩上，让人充分领略到水的韵味。江滩之美，美在人与自然的亲和。这里绿树成行，群花吐艳，芳草萋萋、绿意丛丛伴着江风习习、江天一色。江滩之美，美在生活的和谐。这里有面积广阔的健身区，有网球场、滑冰场、健身步道、游泳池等健身场地，清晨是运动爱好者们的乐园，傍晚是休闲散步的好去处。在这里，还可远看长江百舸争流，近听男女老少家长里短，各种生活滋味，总有一款适合你。

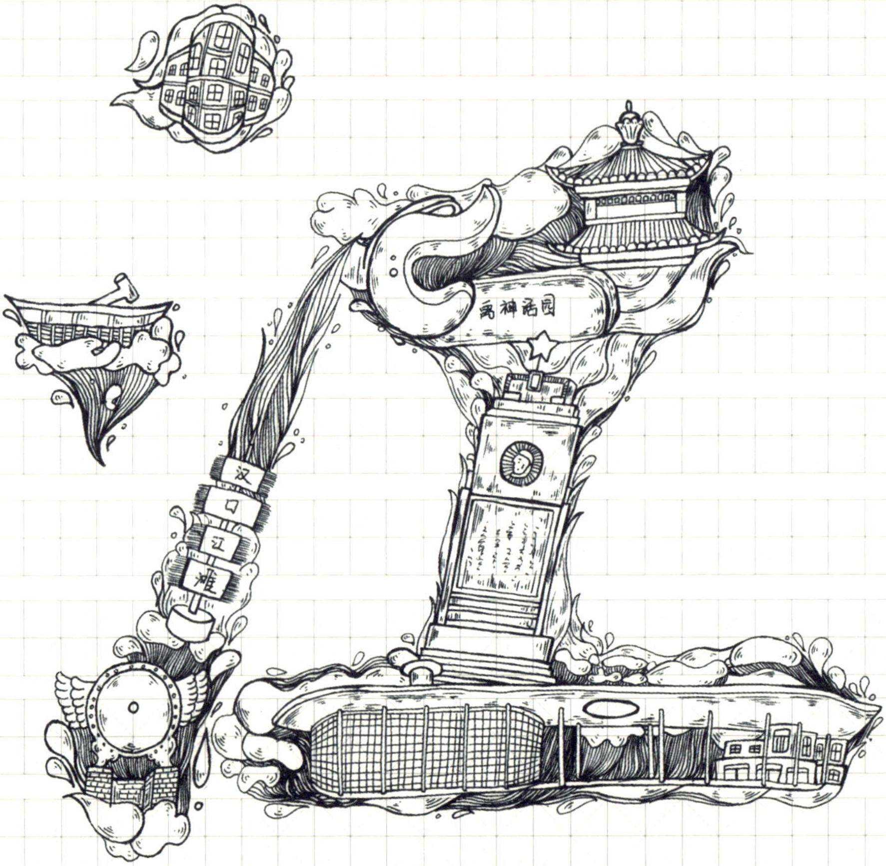

江滩之美，美在人与人的融合。各类酒吧、咖啡馆云集，仲夏之夜，邀三五好友，饮酒品茗，对月当歌，不亦为人生一大快事哉！江滩之美，美在精致和用心。护坡上刻着浮雕，生动而饶有趣味，主要表现两方面内容：一是武汉这一滨水城市的发展史，一是长江古生物化石、水生生物等状貌。

在武汉人的记忆中，江滩，早年与一种名为“麻木”的交通工具有关。麻木的学名叫正三轮摩托车，因为在路面上行驶时，颠簸踉跄，极似酒鬼走路，武汉话里，又常将酒鬼谑称为“麻木”，于是，这一名称便被借用到那一辆辆三轮小车身上。十多年前的武汉，因为许多地段街巷狭窄，加上当时人们的荷包里不是特别“暖和”，轻便灵活、便宜实惠的麻木于是成为沟通武汉大街小巷的重要交通工具。当年江岸区江堤旁，是汉口麻木最大的集散地之一，来来往往行色匆匆的人们，在江水声声中，踏上这一简易的交通工具，摇摇晃晃地走向自己的生活。这摇晃，也许也是一种武汉的味道。

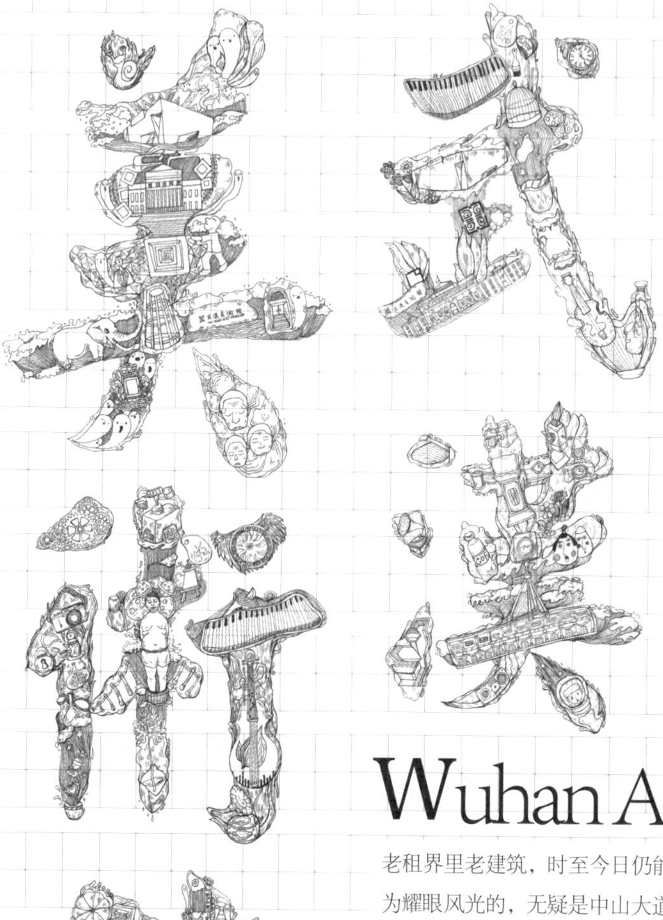

Wuhan Art Museum

老租界里老建筑，时至今日仍能发挥作用的为数不少，但其中最为耀眼风光的，无疑是中山大道与保华街围成的“三角岛”上的金城银行大楼。

远远望去，金城银行大楼本身似乎就是一件精致的艺术品，端庄典雅、气势恢宏的爱奥尼亚柱式建筑，颇具欧式古典主义风格，常令南来北往的游客流连驻足。解放后，大楼一直是武汉少年儿童图书馆的所在地，伴着一代代武汉孩子的欢笑而不断焕发新生。近年改建为武汉美术馆，美术馆给老建筑浸染了艺术的魅力，老建筑也为美术馆平添了时间的韵味。

武汉美术馆

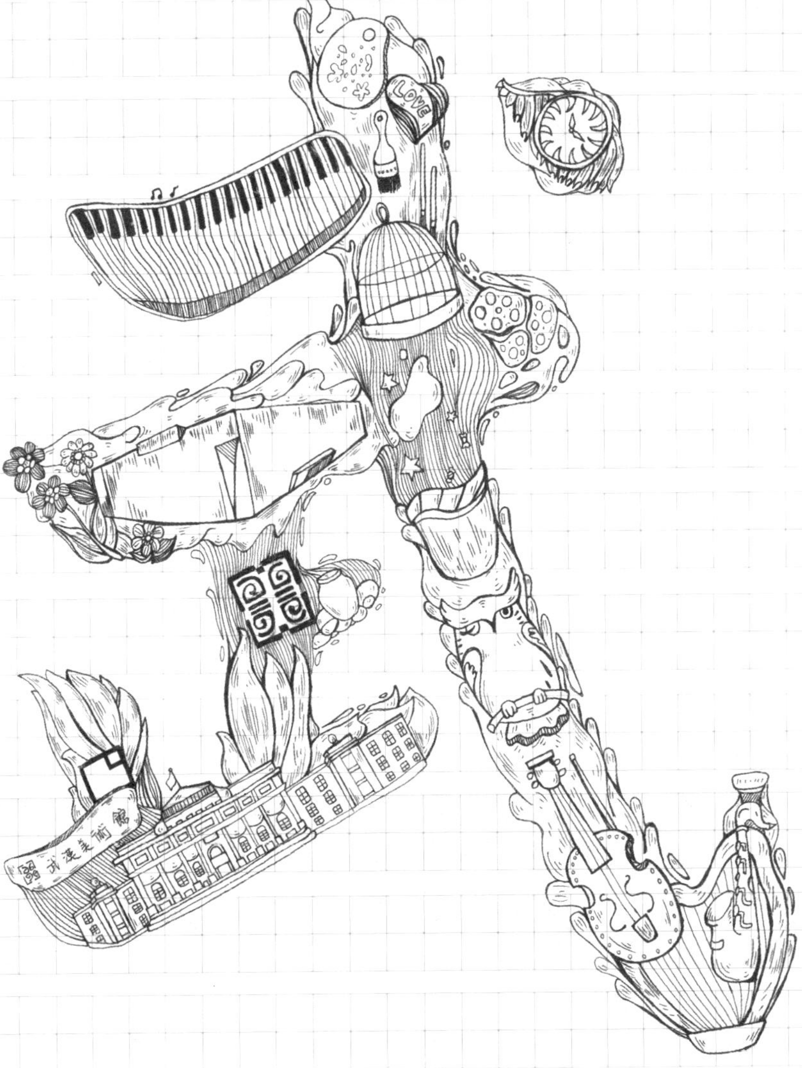

武汉，一直以来都是中南地区的艺术中心，也是中国艺术教育的重镇。从明代吴伟的“江夏画派”开始，到1920年私立武昌艺术专科学校创立，1949年中原大学美术系建系，1950年华中高等师范学校美术科建立，1953年中南美术专科学校成立，再到1958年中南美专迁广州，湖北艺术学院成立，1965年湖北美术院建院，武汉的美术教育脉络，连绵不绝。而百年来，唐一禾、关山月、黎雄才、阳太阳、张肇铭、张振铎、王霞宙、杨立光，晴川画会、“八五思潮”中涌现的油画家和国画家，一代代大师们，都在武汉这片土地上，留下了自己耀眼的光彩，也为自己的人生抹上了浓重的一笔。

虽然有着良好的艺术底蕴，但武汉自建国以来，很长一段时间都没有专业的艺术展览场所。一直到 1986 年，才在老武展东侧泥塑《收租院》陈列馆的基础上，改建了一处过渡性的展馆。而当时，这里只有一处展览场地，没有能容纳收藏品的库房，以致建国后半个世纪，许多著名艺术家在武汉、为武汉所作的精美艺术品，都没有办法接纳收藏，最终只能遗憾地失之交臂。到了武汉展览馆拆迁重建，武汉美术馆又被迁往解放路的武汉市文联大楼，那里更只是一个勉强的栖身之所。在这样简陋的条件下，武汉美术馆仍旧坚持成规模地举办展览，令武汉艺术之薪火得以传承。2004 年底美术馆重建工程启动，武汉艺术的黎明终于到来。

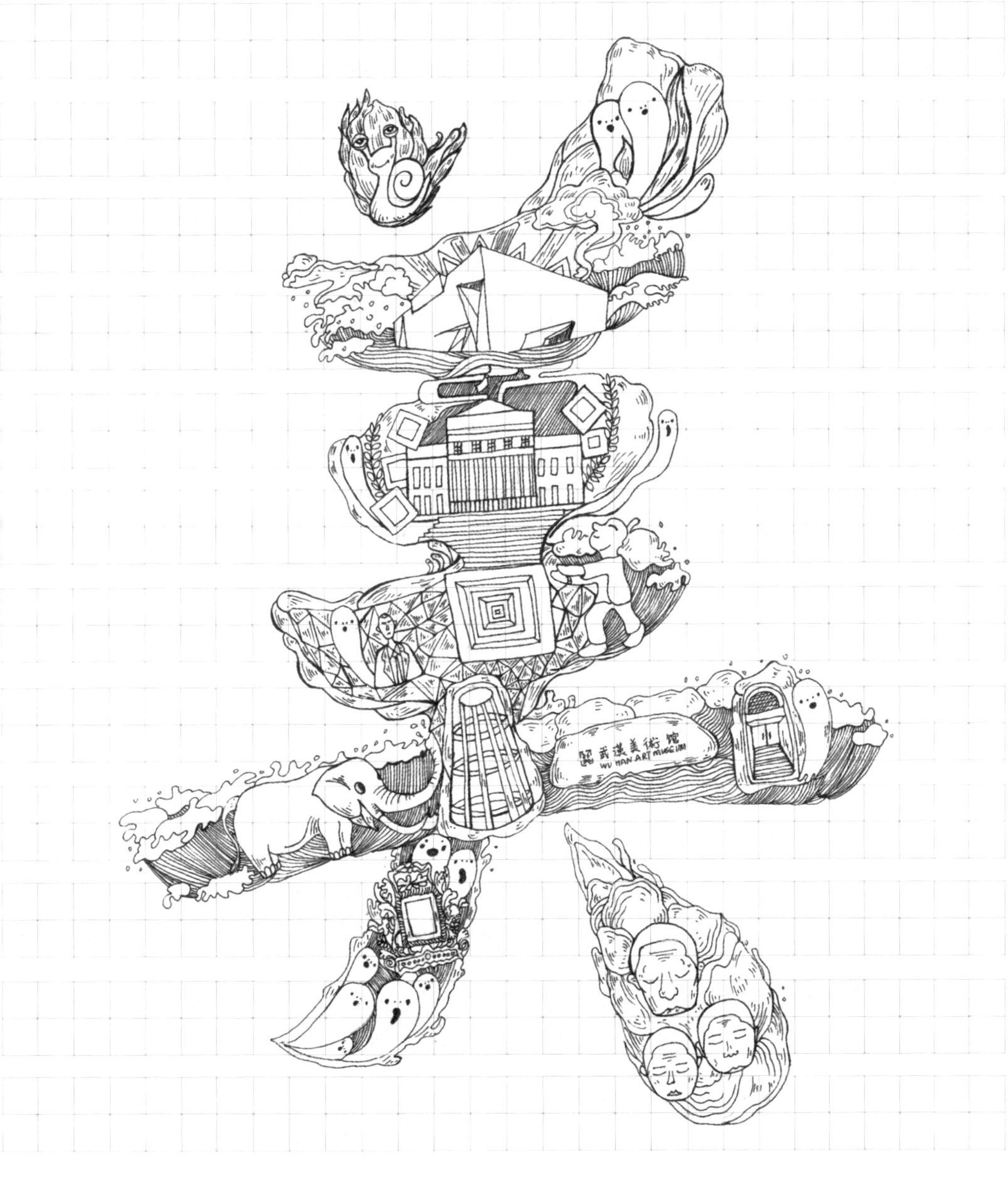

老建筑，只有那些仍能被使用的才能保留下来，才能越活越有神采。金城银行大楼，虽然几经角色转变，却从来没有被遗忘和废弃过。经历过岁月的跌宕、起伏、延伸，它的魅力愈发突出了。大楼原本是著名的“北四行”（北方四大私营银行，另三家为盐业银行、中南银行和大陆银行）之一的金城银行在武汉的经营场所；日军侵华期间，成为汉口日军特务部，是日本实际控制汉口的政治、经济和文化的巢穴；武汉光复后，经历了一番复杂的权利人更替，1952 年被租给武汉图书馆，1957 年成为了武汉少年儿童图书馆。在此后的五十多年里，这座大楼一直都是武汉爱读书的孩子心目中的知识殿堂。孩子们的欢笑声和浓郁的书卷气，涤荡了这座大楼曾经的铜臭和腥膻。2008 年，这里又成为武汉美术馆的新馆所在地。这座大楼注定又将焕发新生。

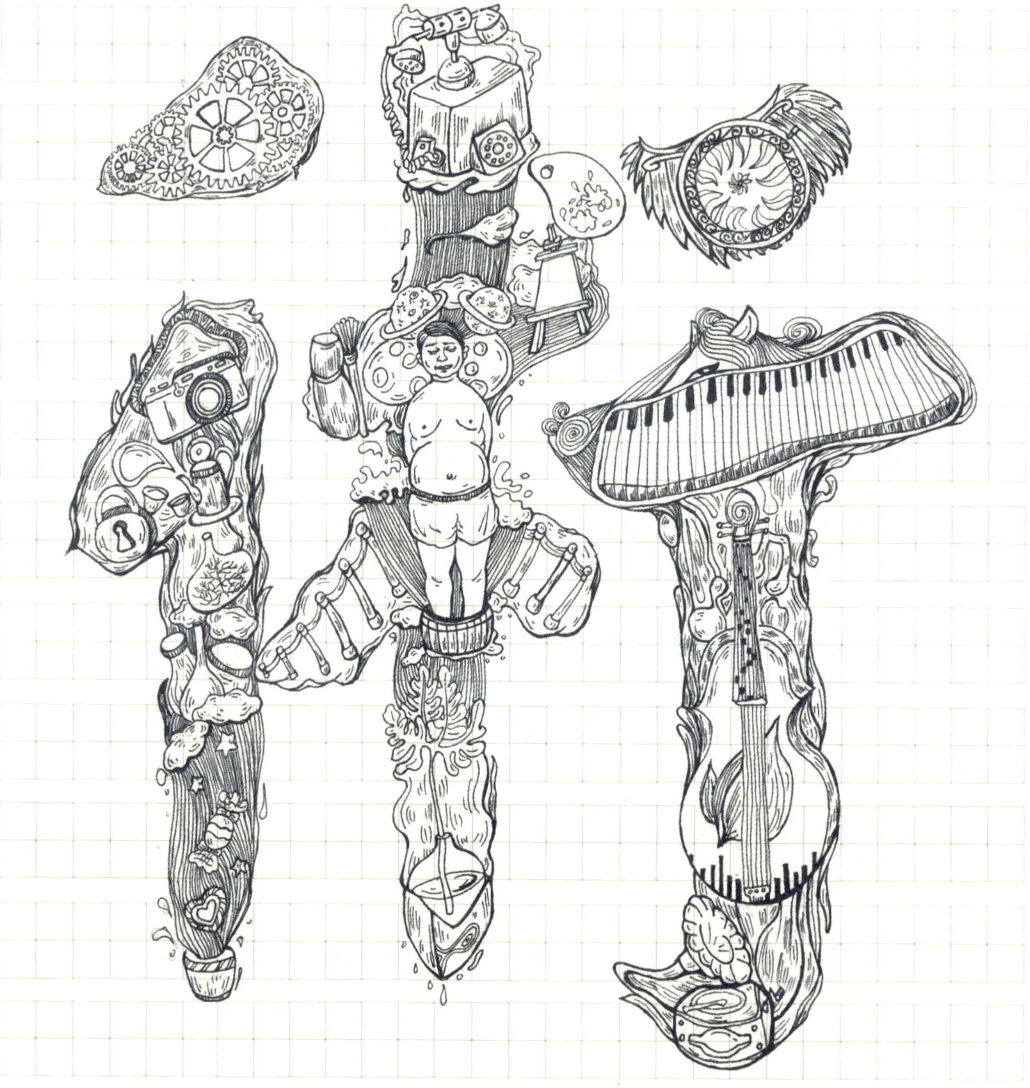

金城银行大楼是一座四层楼的钢筋混凝土结构建筑，由中国第一代建筑大师庄俊设计，景明洋行绘图，汉协盛营造厂施工，以西方建筑技术为骨干，融合中国传统建筑装饰，开创了欧式新古典主义风格。正立面采用了西洋古典廊柱式样，廊柱高三层，在二层处开有圆形拱窗，使得从柱廊之外看整个建筑立面，既恢宏雄伟又有一定的变化。2008 年底，建筑主体经过保护性的改造扩建，成为武汉美术馆。新的武汉美术馆，总建筑面积达 12139 平方米，有七个大展厅，较之老馆，大了十倍有余，可以举办各类大型美术展。选择此处作为新美术馆所在地，是一次对历史建筑的再利用，也是令老城区的文化功能和环境品质焕发崭新光彩的全新尝试。

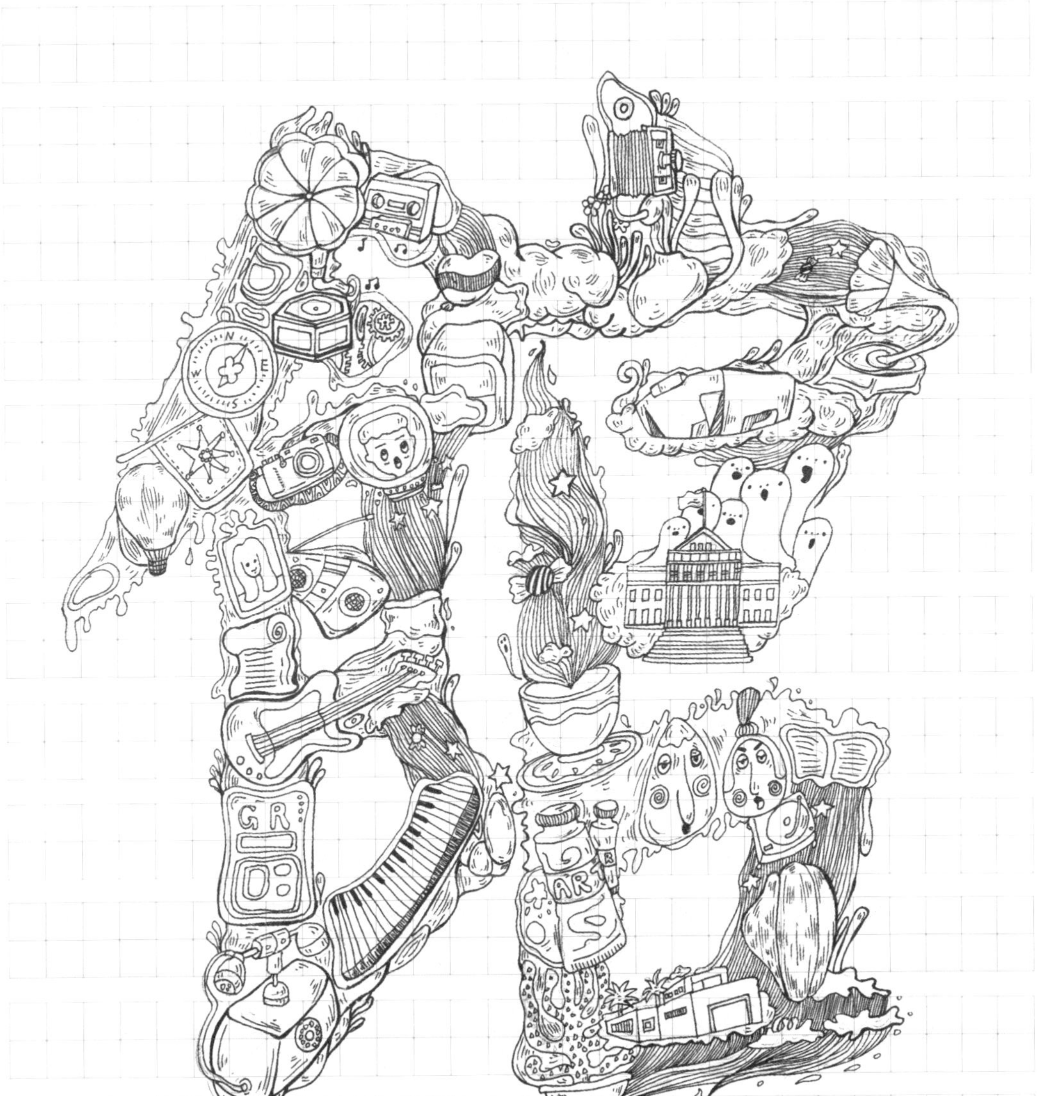

像金城银行大楼这样修旧如旧，还能保持风采的民国建筑，在汉口老租界中还有不少。作为京汉铁路南端终点站的大智门火车站，曾是亚洲首屈一指的现代化火车站，也是记录中国铁路发展史的文物，一直营运到 1991 年才停止使用。德明饭店因靠近京汉铁路终点大智门火车站，而得名 Terminus（终点），是武汉最早由外国人开办的饭店。饭店的历史还与中国政治风云息息相关，“九一八”事变后，国联调查团曾下榻于此；美国作家史沫特莱也在此举办过记者招待会，向中外介绍八路军开展抗日游击战争的情况。俄国末代沙皇尼古拉二世还是皇太子时，曾游历汉口，意犹未尽，于是捐献一座东正教堂给当地侨民，即为汉口东正教堂，这是武汉唯一的俄式拜占庭风格建筑。美国海军青年会是有着现代风格的古典主义建筑，1949 年以前美国海军曾在此设立俱乐部。

Gude Buddhist Temple

古德寺

古德寺位于汉口解放大道东端，与归元寺、宝通寺、莲溪寺并称武汉四大佛教丛林。古德寺身处闹市，在过去的几十年里，却并未如归元寺、宝通寺那般游人如织，喧嚣热闹，仿佛就是纯粹修行者的寺庙，有青灯古佛、遗世独立之感。近年来，因其不同凡响的建筑风格，宁静优雅的整体氛围，古德寺渐渐成为都市青年男女放松身心、回归自我的心灵休憩之所。

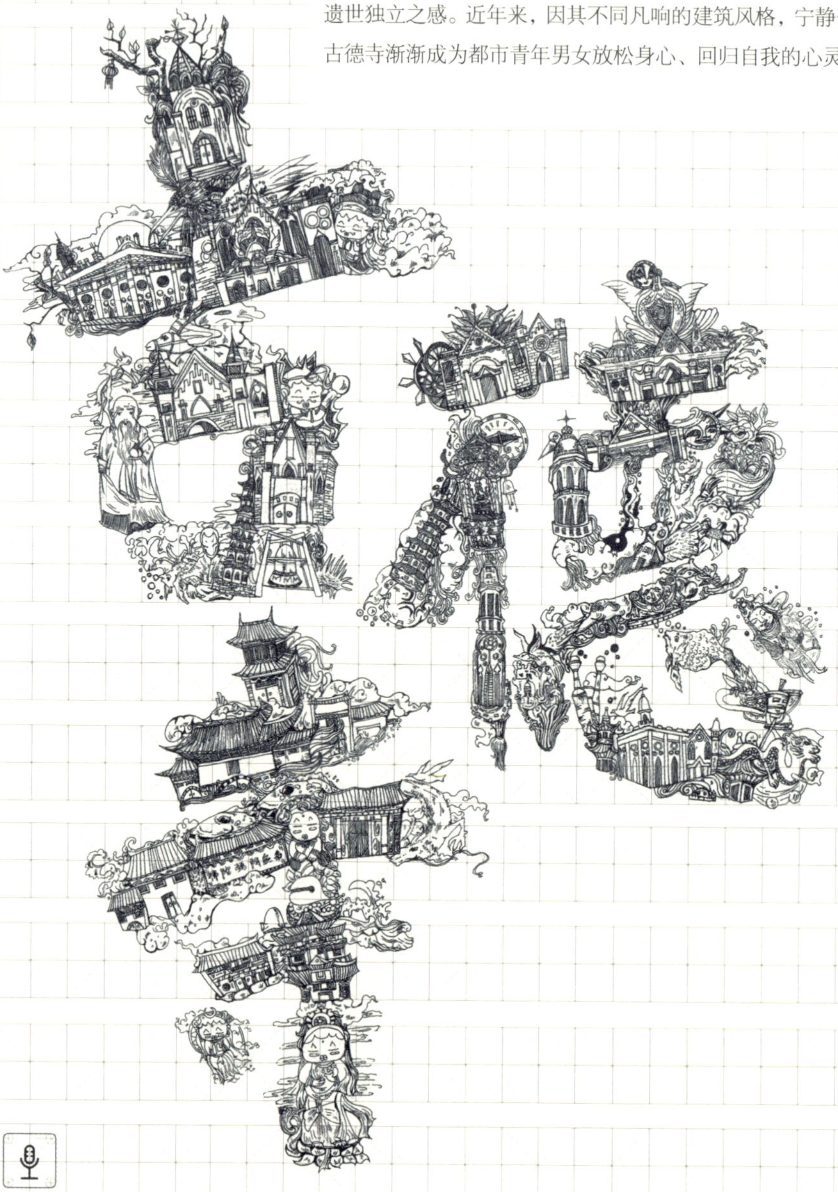

清光绪初年，汉口黄浦路及后湖一带大都是沼泽地和土墩子。光绪三年（1877年），一位游方僧人见此处一个名为石鼓墩的高地，左绕长堤，右环驿道，还有潺潺流水经过，动静相得，是难得的好地方，遂决心在此修行，并得到乡邻的支持，建起了古德寺的前身——古德茅篷。1911年，古德茅篷扩建，就在这一年10月，武昌起义爆发，古德茅篷附近刘家庙一带铁路沿线，是南下清军进攻武汉三镇的唯一通道，于是成为战场，也成为革命军首战告捷后双方展开拉锯战的地方。古德寺僧众自发倾全寺之力，冒枪林弹雨救护革命军伤员，还在寺后的菜地里集中掩埋烈士遗体。僧众的义举受到人们的嘉许。次年孙中山专程来此凭吊，后来黎元洪亲自为其改名“古德寺”，并竖题寺名。据说归元寺五百罗汉中的第339尊阿氏多尊者，就是以当时主持救护工作的古德寺住持昌宏为原型塑造的。

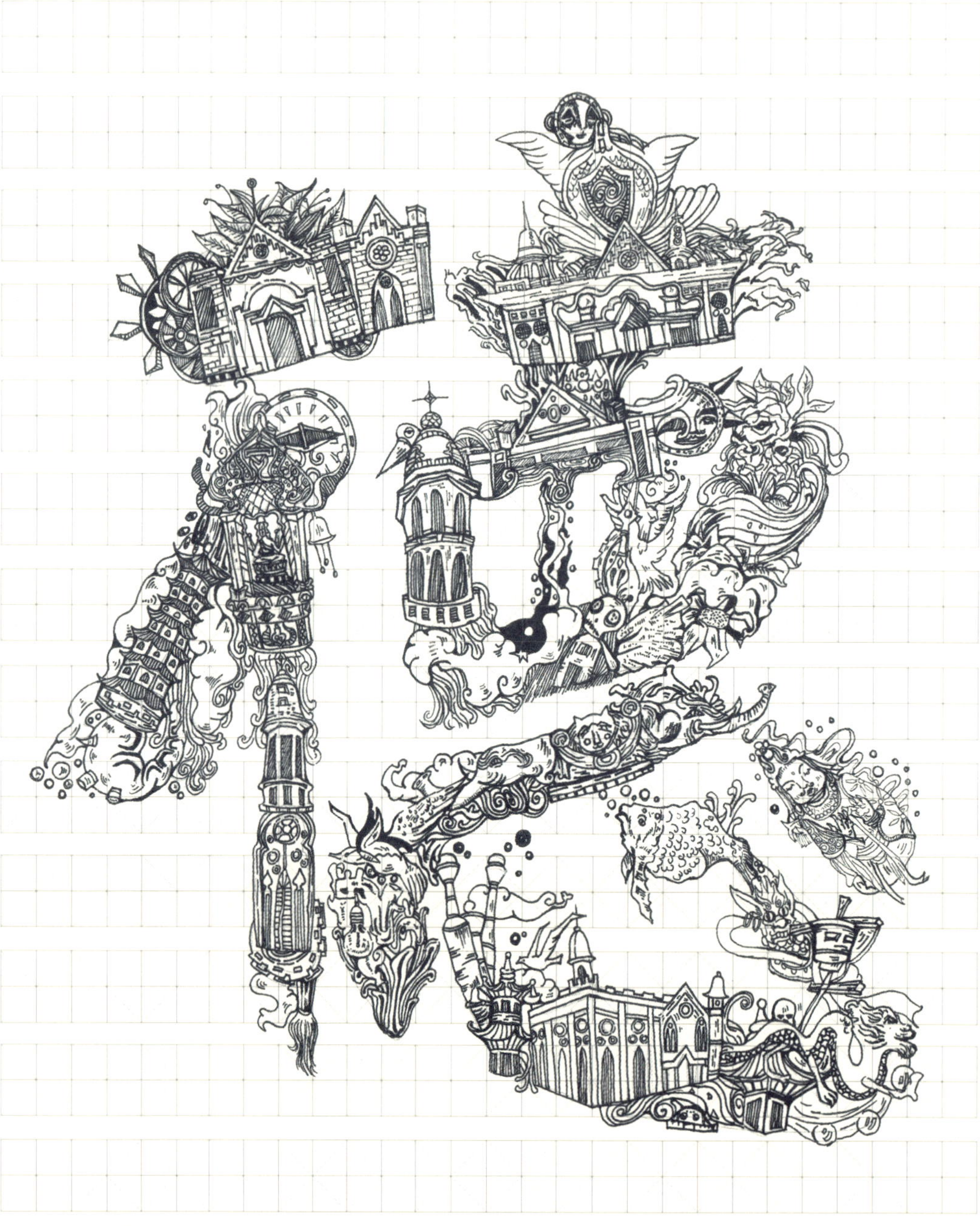

古德寺是佛教寺庙，其建筑群落却并不同于传统的中国佛教建筑，而有着多元文化风貌。寺内核心建筑圆通宝殿不是一般寺庙那种黄瓦红柱、飞檐翘角的典型风格，而是仿照缅甸阿难陀寺而建，呈单层正方形，有 1000 多平方米，内空高 16 米，可容百人，宽绰宏伟为其他汉传佛教的大雄宝殿所鲜见。门廊呈三角形，分两层逐级向上，烘托出顶部中心高耸的山花，这一设计采用的是古罗马建筑结构，增强了宗教神秘感；回形步廊和方柱，又有着希腊神庙的风貌；立面墙上的圆窗和长窗，则是基督教堂的建筑样式。

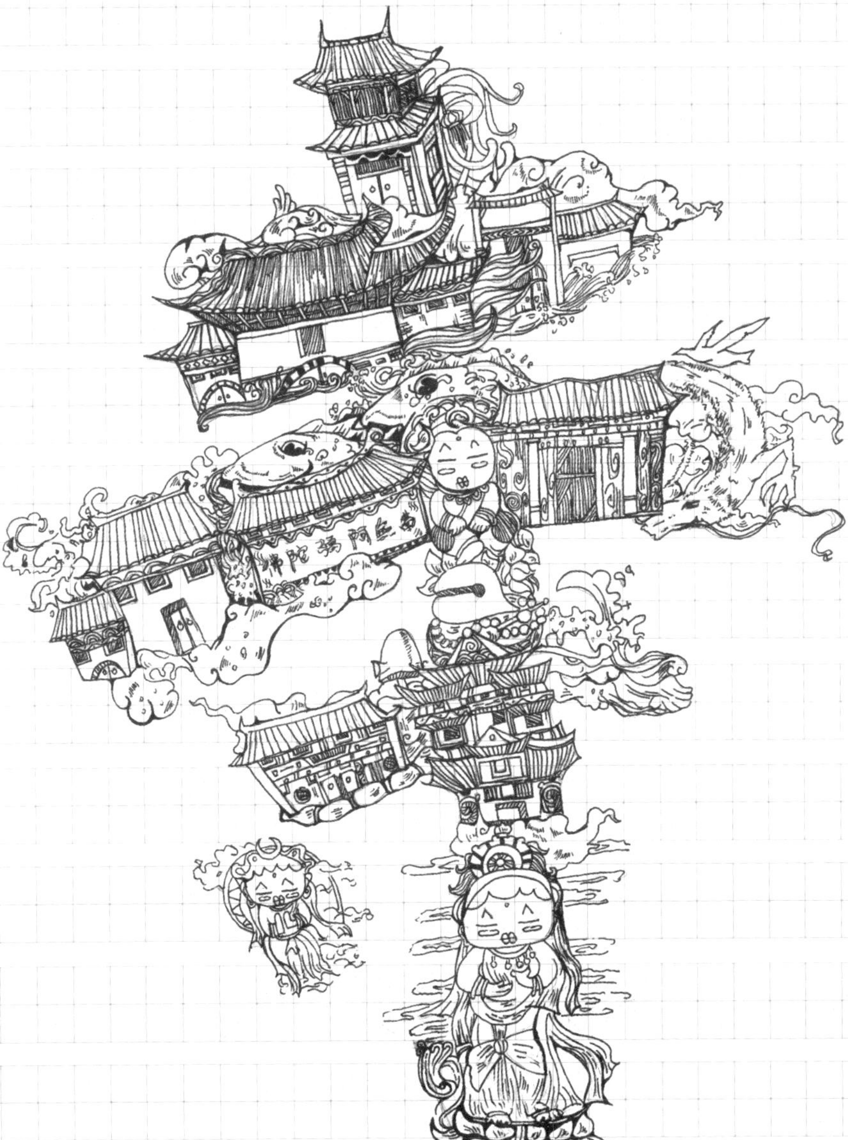

古德寺规模最大时曾占地近 3 万平方米。寺中九座佛塔的塔刹，与“北斗九星，七显二隐”的道教理论契合——从任何一个方向，只能看到七座佛塔，有两座总是看不到的，形状则颇似十字架。塔身为流线型，内外墙面装饰着花卉、狮头、象头和大鹏金翅鸟等典型的佛教图像，再现了南亚、东南亚帕那瓦建筑风格。在高楼崛起的现代城区当中，这些异域风情的建筑隐现其间，为此地增添了别样的悠远与神秘；更与附近的哥特式基督教教堂、罗马式天主教教堂、拜占庭式东正教堂、伊斯兰风格清真寺相映成趣，展现着武汉这座城市的厚重与包容。

江汉位于汉口中部，南临长江、汉江交汇处，北抵张公堤。明朝天顺年间（1457-1464年）开始有人居住，成化年间（1465-1487年）街市雏形出现。明末袁公堤筑成，街市向北扩展到今满春街、民族路、民权路、花楼街等一带。晚清咸丰年间汉口城堡建成后，闹市中心由沿河黄陂街向北移至今六渡桥一带。城堡以北后湖一带，出现了天门墩、王家墩、姑嫂村、八古墩等多处聚落。清代张公堤筑成后，区域范围再向北扩展，又形成了新的居民区。江汉由此基本成形。五国租界在江汉也留下不少经典老建筑，首善堂、巴公房子、原美国领事馆、原法国领事馆、宋庆龄故居、"八七"会议会址、中华全国总工会旧址、格非堂、上海路天主教堂等，仿佛诉说着曾在这里上演的一幕幕中国故事。

Jiang Han 江汉

Jiqing Street 吉庆街

“吉庆街白天不做生意，就跟死的一样。”池莉在《生活秀》中如此直白描绘道。白天的吉庆街就是一条普通、安静的小街，与近在咫尺、喧嚣繁华的中山大道比起来，显得清冷寂寞、反差强烈。待到华灯初上，简易的桌椅板凳连绵排开，魅力便灿烂开来，卖花的、卖唱的、拉琴的、吃饭的、擦鞋的……人声鼎沸，几百个台位挤得满满的，热闹非凡。这条短短的，只有170米长、10米宽的小街，到午夜12点以后，气氛才终于达到高潮。只在午夜盛放，是无数人对这条小街最直接的印象。

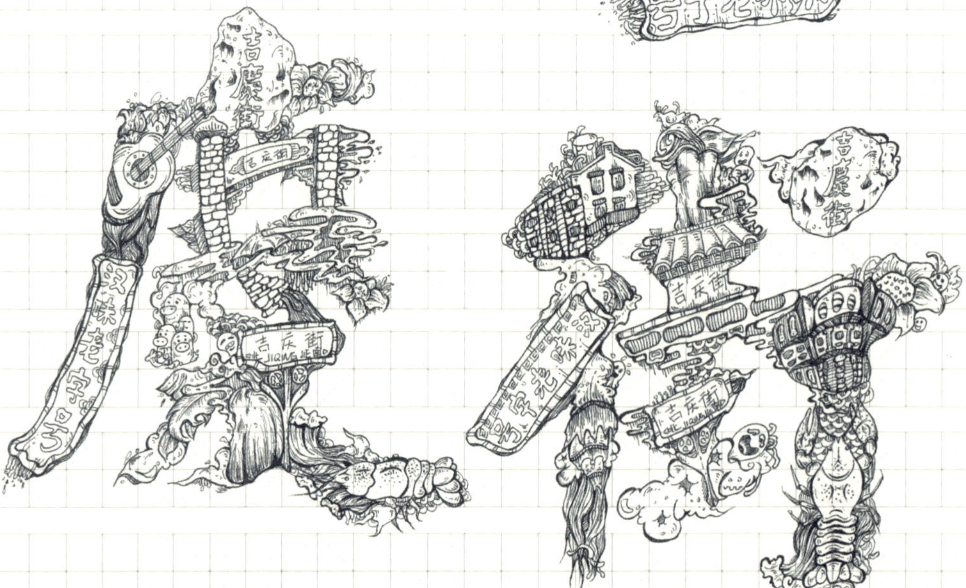

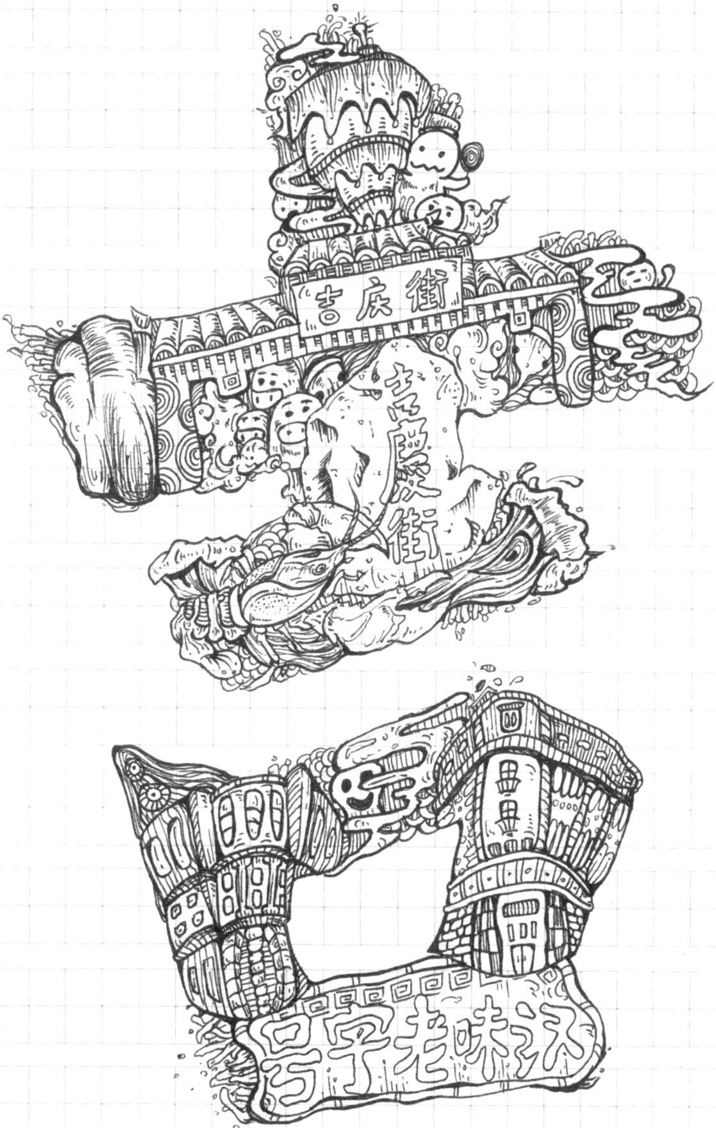

吉庆街的火爆根植于武汉盛行的“靠杯酒”文化。所谓“靠杯酒”，指的是一种简易的大排档，也是吉庆街最初始的形态。20 世纪八九十年代，吉庆街上一些勤快的市民从家里抬出竹床，放在屋前临街的路上，竹床上放着凉面、米粉、米饭、鸡蛋、咸菜和卤好的牛肉、牛肚、牛筋、肥肠、鸡、鸭等食材，再摆上一个炉子、一口锅、两张小桌子、几个塑料小板凳，就算开张了。武汉的夏天，入夜之后依旧闷热难当，在家里肯定是坐不住的。露天之下，斗完地主，打完晃晃，三五成群地来到靠杯酒摊上，赢输的情绪，都伴着烤串的烟、佐着“行吟阁”的沫，在嬉笑怒骂之间释然。虽然只能提供便宜的饭菜，劣质的烟酒，常被人嘲笑是在“挖地脑壳”，靠杯酒的摊主们却丝毫也不在乎，反正每天都有钞票进账贴补家用，笑骂由他。武汉的夜晚，从有靠杯酒开始，便有了酣畅淋漓的味道。靠杯酒那骨子里的市民气息，也一并传承到吉庆街身上。

“树上停着一只，一只什么麻雀。叽叽叽叽，让我觉得心在跳。我看不见它，但是感觉到。叽叽叽叽，这只爱情麻雀。它在向我呼叫……”20 世纪 90 年代初，吉庆街生意规模大了起来，遂形成了以吉庆街为中心，包括邻近的交易街、瑞祥路、大智路在内的大排档市场。光是吃吃喝喝未免有点寡淡，一群以卖艺为生的草根艺人应运而生。吹拉弹唱、现编现演，天南海北的曲艺、经典新潮的歌舞，总能让酒酣耳热的客人们觉得逗趣和尽兴。2004 年，Discovery 探索频道还专门播出了一部讲述这些艺人故事的纪录片，将他们称作“中国街头的卓别林”。可以说，吉庆街贩卖的不只是吃食，更是一种市井的趣味。

来到吉庆街的外地人，大都会尝一尝“老通城”豆皮。“老通城”创办于 1931 年，因原址在古汉口城堡的城乡通道上，故取名“通城”。抗战胜利后复业，改名为“老通城”，取老字号的意味。豆皮是湖北传统小吃，做法是将绿豆、大米混合磨浆，放在大锅里摊成薄皮，铺上熟糯米、肉丁等馅料油煎。“老通城”豆皮之所以出名，原因在于其皮金黄发亮，入口酥松嫩滑，齿颊留香。除了“老通城”的豆皮，江汉路路口附近的“四季美”汤包也是这一带不应错过的美食。“四季美”，意为一年四季都有应季美食。早年的“四季美”，春季的炸春卷、夏季的冷食、秋季的炒毛蟹、冬季的酥饼等，莫不是人们交口称赞的美食。后来，原产江苏，经过武汉化改良的小笼汤包异军突起，成为“四季美”一绝，“四季美”也随之慢慢变成了汤包馆。

Temple of Dragon King

明洪武年间汉水改道，由此开始在龙王庙一带与长江汇合。两江交汇，岸陡水急，来往船只常有倾覆之忧。为求心安，往来客商于是在此处修筑龙王庙，祈求龙王庇护。几百年过去，虽不知龙王爷到底保护了多少善男信女，只知道在几十年前闹出了大水冲了龙王庙的人间闹剧——1930年民国政府修路，龙王庙及其牌坊均被拆毁，第二年洪水暴发，将龙王庙一带全部淹没。此后几十年，龙王庙一直没能重修，也因为多年的有址无庙，让还记得这里曾有一座“真实存在”的庙宇的人越来越少，龙王庙从一座具体的寺庙，慢慢演变为纯然的地名。近年龙王庙重建，又将和武汉人一起，见证武汉与两条江之间那无尽的故事。

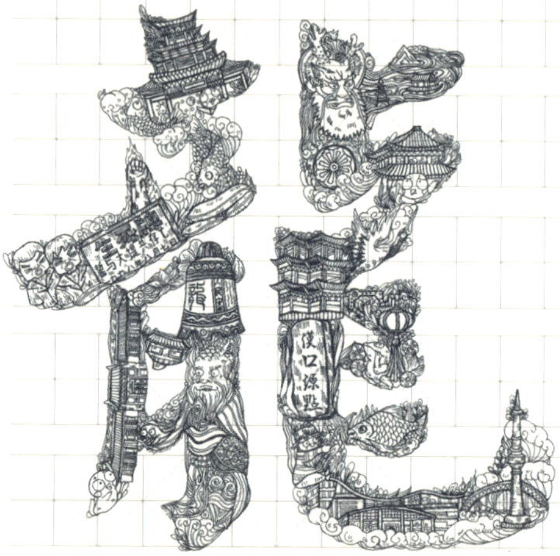

龙王庙

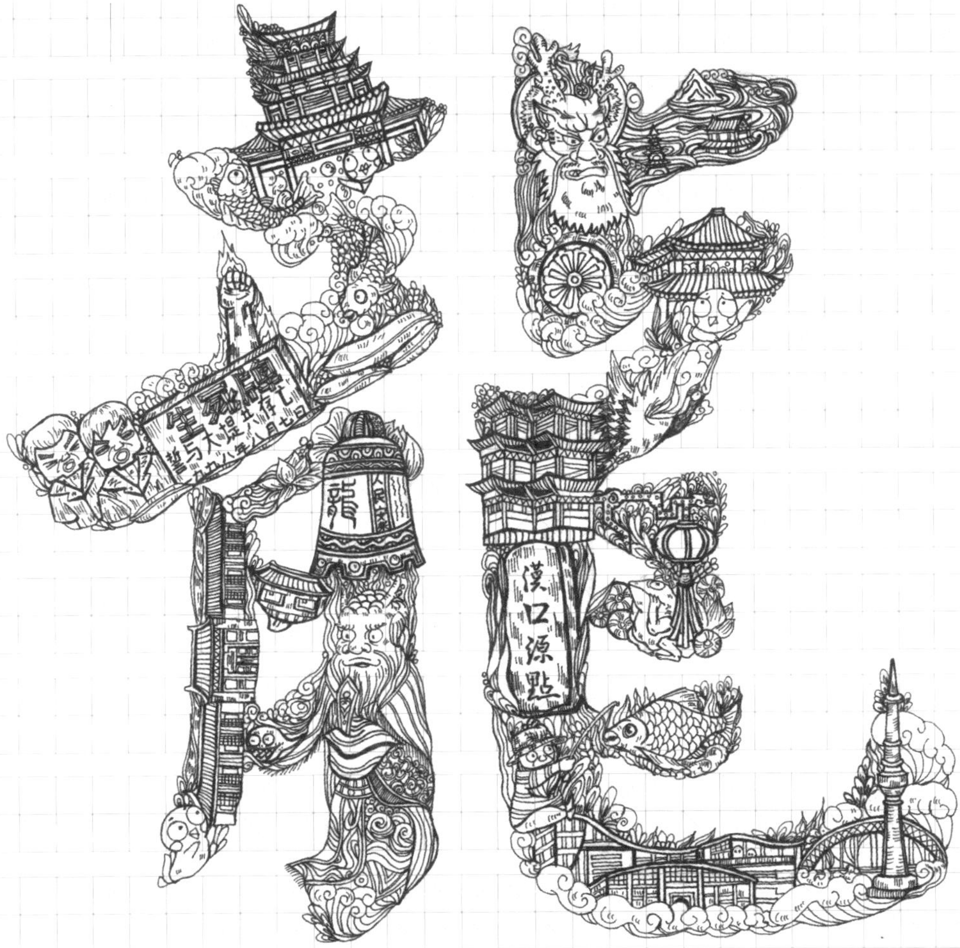

龙王爷除了庇佑平安，也是会兴风作浪的。夹在长江和汉水之间的龙王庙，一直都是武汉抗洪的地标。从建成时的祈求风平浪静，到 1931 年的大水冲了龙王庙，再到 1998 年抗洪抢险中的“生死牌”，龙王庙的历史，就是一部武汉的抗洪史。当你走进新建的龙王庙公园时，就可以看到一组巨型浮雕——武汉 1998 抗洪图。八幅浮雕中的第三幅就记述着“生死牌”的故事。这是每个说起 1998 年抗洪的人都会说起的故事。那一年，汛情已达千钧一发之际，负责守护龙王庙闸口的 16 人，在慷慨激昂的“誓与大堤共存亡”的宣誓后，签下了“生死牌”——堤在人在，堤亡人亡。洪水终归没能战胜胸怀热血的人，武汉又一次安然度过了汛期。当年的“生死牌”现如今被收藏于国家博物馆，它看上去很简单，一张粉红色宣传纸贴在一块黑板上，誓词下是 16 名共产党员的红笔签名。签名字体各异，却都透露出一股视死如归的决然。

武汉的城市发展和变迁，绕不开武汉码头航运的兴衰流变。清乾隆年间，汉江上的天宝巷码头，已能停泊最大吨位 900 吨的木船。鸦片战争前，武汉更是“二十里长街八码头”“十里帆樯依市立，万家灯火彻宵明”的不夜港。早早的繁荣，促进了武汉人性格的形成：一是包容性，南来北往的人流带来的多元的生活习惯，武汉人以其包容性，将之熔为独特的一炉；二是节奏快，做生意讲究流通，流通追求速度，武汉人讲究办事“耍拉”，故为人爽快；三是精明，讲究效益、从不虚头巴脑是武汉人的天性；四是幽默，忙碌的码头工作，让武汉人以乐观的心态面对生活，排遣辛劳与愁苦。两条河铸就了一座城市，一排排码头创造了武汉人。

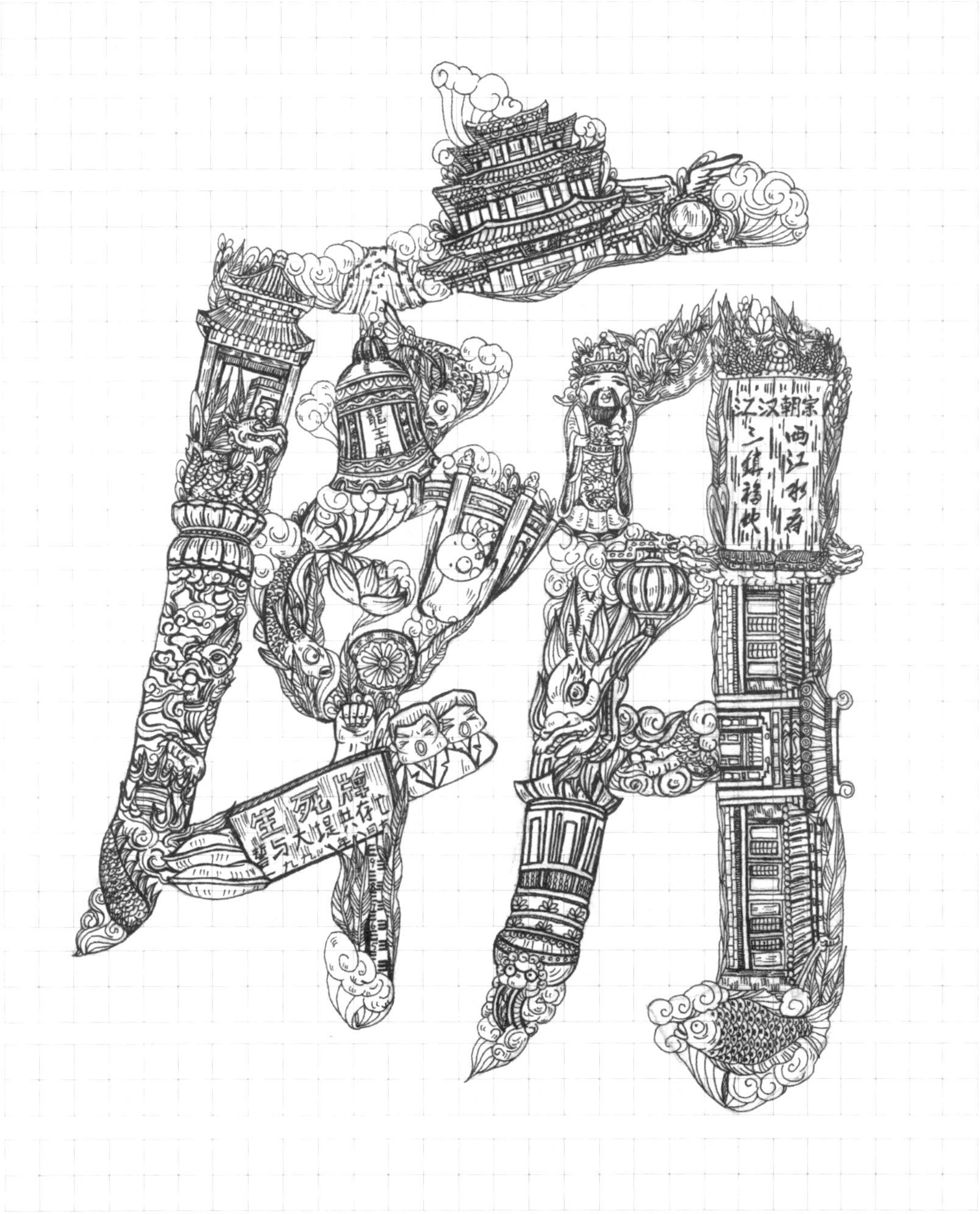

龙王庙不远处是江汉关大楼，这是一座具有古希腊和欧洲文艺复兴风格的建筑物，庄重而又典雅，因四周的建筑物均较它低得多，故特别引人瞩目。此楼于 1922 年江汉关成立 60 周年时奠基，1924 年落成，先后是江汉关、武汉海关的办公地，在长江航运中起着至关重要的作用，也见证了武汉的沧桑历史。每天准点，楼上的钟塔都会奏响乐曲，进行报时，最早播放的是伦敦威斯敏斯特宫大本钟所奏的钟曲，即《威斯敏斯特》序曲，后来一度改为《东方红》，近年来又改回《威斯敏斯特》序曲。南来北往的船客，对武汉的第一个印象，往往就这样借由听觉产生了。江汉关大楼虽然近年来已变身为博物馆，但其所具有的武汉开埠，从闭关自守走向开放包容的象征意义，却被长久地保存了下来。

Garden Expo 园博园

说到园博园，先说园博会，园博会全称中国国际园林花卉博览会，是国内园林花卉行业层次最高、规模最大的国际性盛会。园博园因园博会而生，园博会则因园博园的长久保存而变得隽永。中国有着举世无双的风景园林文化。没有园林，中国的美学、文学、艺术，都将失色不少。有出色园林的城市是值得人羡慕的，武汉园林虽不如江浙园林那般璀璨夺目，但东湖风景区的前身海光农圃、武汉中山公园的前身西园，也都是中国园林史上的一时之选，至今仍在为万千游人服务。武汉园博园建成之后，即使是与一流园林城市相比，武汉也丝毫不逊色了。

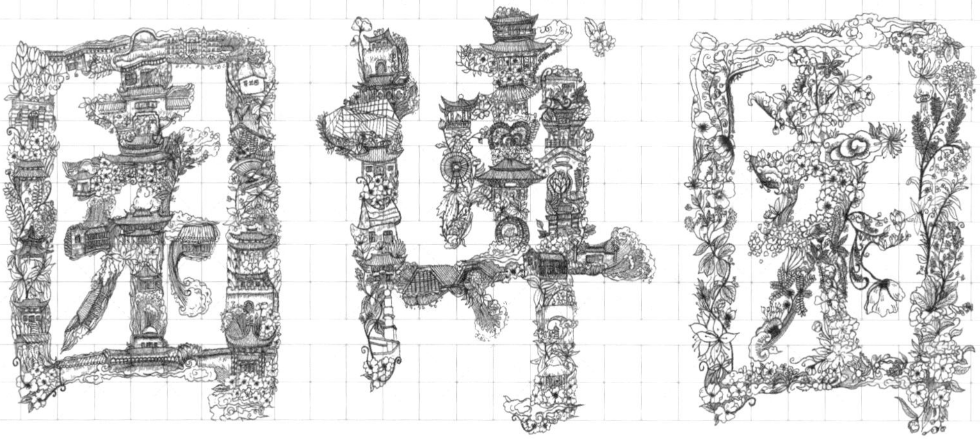

武汉园博园历史不长，但因为建在张公堤和金口垃圾填埋场上，也就有了可以言说的故事。先从张公堤说起。汉口的城市建设史，概括起来，就是筑堤—扩建—再筑堤—再扩建的历史。前后两条长堤，奠定了今时今日汉口的幅员。明朝袁公堤修筑二百多年后，汉口因商贸繁盛，人口越来越多。按照《大清一统志》记载，“居民填溢，商贾辐辏，为楚中第一繁盛处”。这“填溢”一词，用得生动，简而言之就是人口多到漫了出来。开埠以后，人口更是呈爆炸性增长，汉口扩展已经迫在眉睫。只是袁公堤外，沟湖纵横，一到汛期，泽国千里，暂时不是大规模移民的好地方。修筑新堤，也就成了理所当然。传说 1904 年，张之洞派人在后湖搭了一座高台，他登到台上，用望远镜向四周张望后挥手道：“上到禁口，下到牛湖广佛寺前（即今堤角）。”就这么霸气地将武汉未来百年的格局给定了下来。从此，大堤阻挡了河水，将汉口和东西湖截然分开，既消弭了频繁的洪涝，也让堤内的土地慢慢涸出，为更多人口提供了居住生活的地方。将张公堤纳入到园博会的体系当中，令园博园继承张公堤百年的历史厚重感，也令张公堤老骥伏枥，重新焕发光彩。

武汉人会在革命最没有指望的时候，打响胜利的第一枪。这种敢为天下先的霸气，总在不经意间显露出来。比如园博园的选址，谁都没有料到会选择一个垃圾场。在此之前，武汉已经连续申办过两次园博会，关于落选的原因，住建部的回复是“创意不够，功能不足”。按一般的选址思路，肯定是要在大武汉找一处山清水秀的地方，住建部却认为将好地方变得更好是锦上添花，希望园博会除了有花有草、有山有水外，还能为申办的城市解决一些问题。这就需要一些天马行空的想法了。在垃圾场上建一座公园怎么样？经过一系列的头脑风暴后，武汉人又在最不可能的地方，实践着自己的“狂想”——变金口垃圾场为园博园主园区的一部分。这既是对 2012 年以来雾霾、内涝等城市病的一种反馈，也是破解大城市“垃圾围城”难题，进行生态修复的一种探索。垃圾场上建公园，武汉终归要跟别处不一样。

园博园园区，以楚文化进行设计构思，以山水十字轴为线索，分别展示湖北和武汉的山河物产与人文风情。内含数十个城市展园和若干国际风景园林大师作品，游人足不出园，便可赏遍天下园林。比如以华丽至极的鸡爪牌楼为特色的太原园，结构复杂，全木质地，雕梁画栋，飞檐斗拱；用啤酒与海洋为主题的青岛园，一尊啤酒女神像最为显眼，大部分建筑都被漆成蓝白两色，缀以贝壳沙滩，象征着流动的海洋；突出表现兰州水车和黄河彩陶两种文化符号的兰州园，让人不禁回想古老的先人在黄河边上的生活场景；由观赏花园、微缩花园、空中花园、檐下花园、雨水花园等几大主题花园构成的上海园，绿意盎然而又不失现代感，堪称园林城市的经典模板；还有以云冈石窟和北岳恒山为代表的大同园，石窟和栈道的设计让人感受到一种别样的西域风情……万千风光，尽在咫尺之间。

Zhongshan Park 中山公园

中山公园的前身西园，始建于 1910 年，是“汉口地皮大王”刘歆生的私人花园，占地三余亩。而后不断扩建，并收归国有，逐渐成为武汉最大的公共园林。全国有中山公园的城市估计不下 30 个，唯有武汉中山公园与孙中山最有渊源。据文献记载，孙中山曾三次踏上武汉这块土地，孙中山的《建国方略》中有 1000 多字提及武汉。在《建国方略》中，孙中山提出了武汉建设的若干设想。其夫人宋庆龄也在武汉留下诸多印迹，其故居至今还静立于汉口沿江大道上。中山公园坐落于汉口解放大道旁，自 20 世纪以来，一直都是市民休闲娱乐的绝佳地点。除了位于后区的游乐场，公园内多为人文和自然景观。前区是中西合璧式的园林，棋盘山、四顾轩、茹冰、松月轩，都是武汉人耳熟能详的景点。中区是现代化的休闲文化区，有受降堂、张公亭、孙中山宋庆龄铜像、大型音乐喷泉和多组雕塑。园区内还有让人印象深刻的人工湖，各色景点依湖而建，风姿灵动而曼妙绝伦。

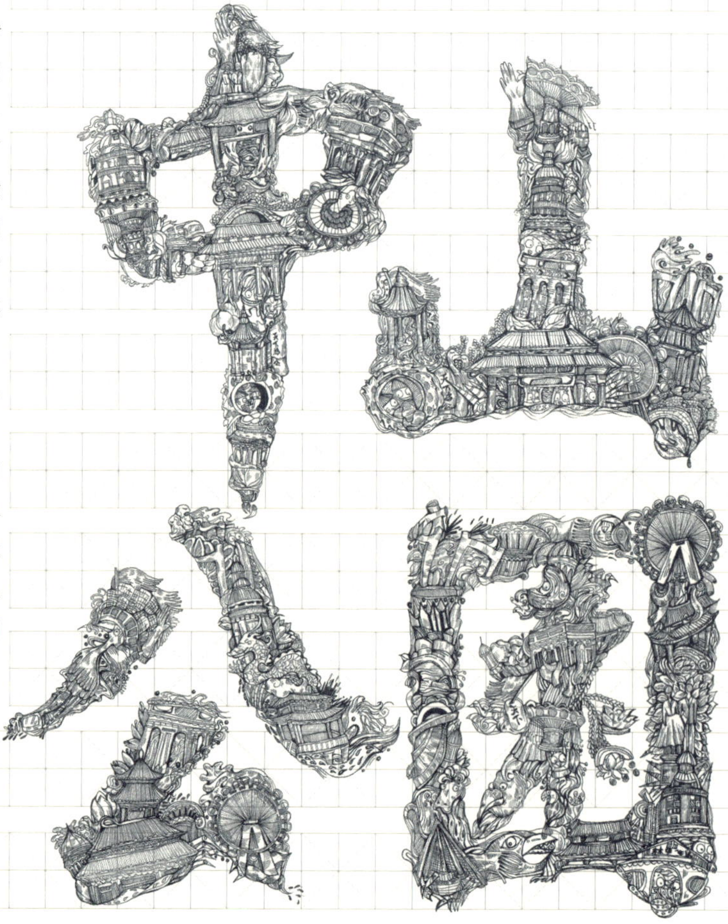

说起“汉口地皮大王”刘歆生，解放前，汉口上自舵落口，下至丹水池，西起张公堤，南到租界，方圆六十平方公里（约占当时汉口四分之一）都姓刘；汉口最热闹的江汉路，原名“歆生路”；汉口最有名的私人花园“歆生花园”“西园”也是他的……刘歆生曾对黎元洪说：“都督创建了民国，我创建了汉口。”刘歆生原本是个放鸭娃，靠贩芝麻发家，赚钱后就拼命买地。那时汉口后湖一带大都是湖塘，他在地界四角插上旗杆，然后坐在船上，以划桨次数为计量单位，一桨300铜元，便宜得不得了，几年下来买了不少。1904年，张之洞修张公堤要80万两白银，刘歆生一口气拿出60万两，张公堤建成后，他买下的地价格暴涨，他也一跃成为汉口首富。1938年，日寇强占刘家花园作司令部，要他出面当维持会长，到处找不到他，原来他躲进了法租界。1941年2月，84岁的刘歆生死在法租界。日本人堵门不让出殡，他的家人清早从后门把棺材抬出来，这才埋到老家。当时，不少武汉人为刘的死悲痛不已。

1986年，中山公园建成武汉市儿童游乐中心，陆续添置了游乐设备三十多项，成为全湖北省最大的儿童游乐场。平日里这些游乐设施价格高，孩子无论哭求多少次，也很难如愿玩上一回，只有学校组织春秋游，才能过一过瘾。于是，对于武汉伢来说，去中山公园春游或秋游，也就有了一种神圣的“仪式感”。各种患得患失的心情，总在临行前的几天在辗转反侧中酝酿。首先是要期盼当天不下雨，一旦下雨，活动就极有可能取消，很可能还是永远取消！其次是家长给了几块到十几块不等的午饭钱，要考虑如何在有限的预算下，尽可能多买零食：主食吃什么，要不要买水果，甜的还是咸的，蛋糕有了，要不要买面包。果冻女生那里肯定会有多的，就买巧克力跟她们换……最后，前一天的晚上，虽然不知道会参加哪些项目，但并不妨碍畅想：蹦蹦车和疯狂老鼠，至少要玩一种，那种女里女气的咖啡杯什么的，最好不要浪费时间去玩了……往往一想，就到了半夜三四点，只睡三四个小时之后起来，居然精神抖擞，半点儿也不困！

中山公园不单是一处游乐园，还见证过一段历史。抗日战争期间，武汉沦陷，中山公园成为遍染腥膻的日军军营。虎父犬子，张之洞的第十三个儿子张仁蠡居然接受日伪任命，做了伪武汉市长，自己当汉奸还不够，为了借重亡父的声望，他竟在中山公园内主持兴建张公祠，供奉张之洞的牌位和张姓家谱，着实令祖宗蒙羞。直到 1945 年 9 月 18 日，这个曾饱含屈辱的日子里，中华民国第六战区司令长官孙蔚如，在张公祠接受侵华日军第六方面军的投降，受降日军 21 万，并立受降碑。此后，张公祠更名为受降堂。中山公园和张公祠才终于擦去了侮辱，涂上了荣光。

中山公园里，最值得人称道的，是各具特色的几处小亭。最古意盎然的莫过于人工湖中央始建于 1933 年的四角小亭——水心亭，虽历经岁月的叨扰，依旧维持着八十年前的样子。最有傲骨的则为公园前梅花花坛旁的凌雪亭，取“有梅无雪不精神，有雪无梅俗了人，日暮诗成天又雪，与梅并作十分香”之意境，是赏梅观雪的绝佳之处。最为人津津乐道的雨亦奇亭，原名文化亭，本来是文艺演出的地方，结果成了五六十年代恋人约会的场所，也被人戏称为“爱情角”。此外还有取自宋玉《风赋》中“快哉此风”之句的快风亭，大草坪上的枕茵亭……中山公园中的亭子们，真是各有各的味道。

Water Tower 水塔

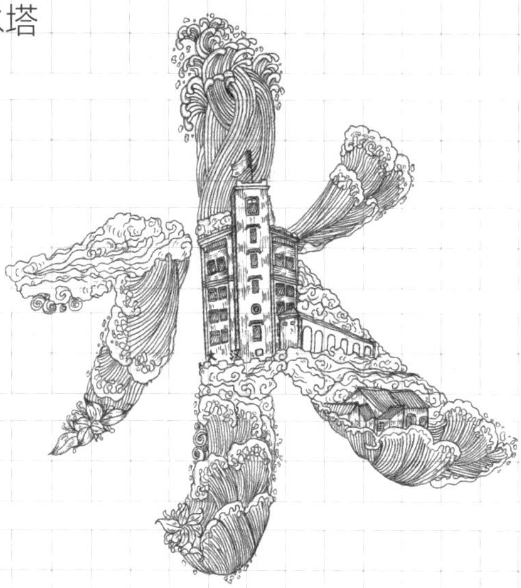

汉口水塔原本只是一座消防建筑，但一百多年的时光积淀下来，武汉人在它身上投注了别样的情感。早年的汉口民居，因人潮来往，杂乱而拥挤，极易失火。古老的消防系统已经无法满足这座正在步入近代化的都市的需求。汉口水塔在这样的背景下应运而生。水塔高 41.32 米，在近现代鳞次栉比的高楼和商铺包围之前，是百年间老汉口的制高点。因为只有高，水压才能将水传输到更远的地方，遇到火警的时候，人们才能更清楚地收到讯息。汉口水塔不仅高，而且坚固，百年间默默坚守，和进进出出的消防战士一样，忠实而可靠。1931 年大水，汉口一片泽国，而水塔泡在水中一个多月，居然没有半点儿问题。这几年敲开外墙面后发现，其内部结构依然非常坚固，完好如初。

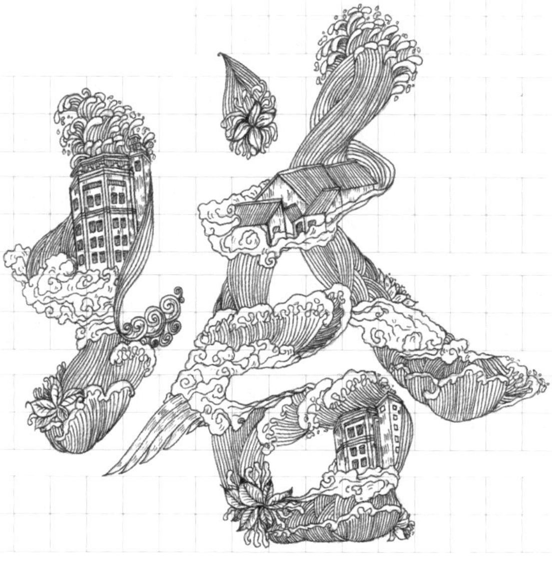

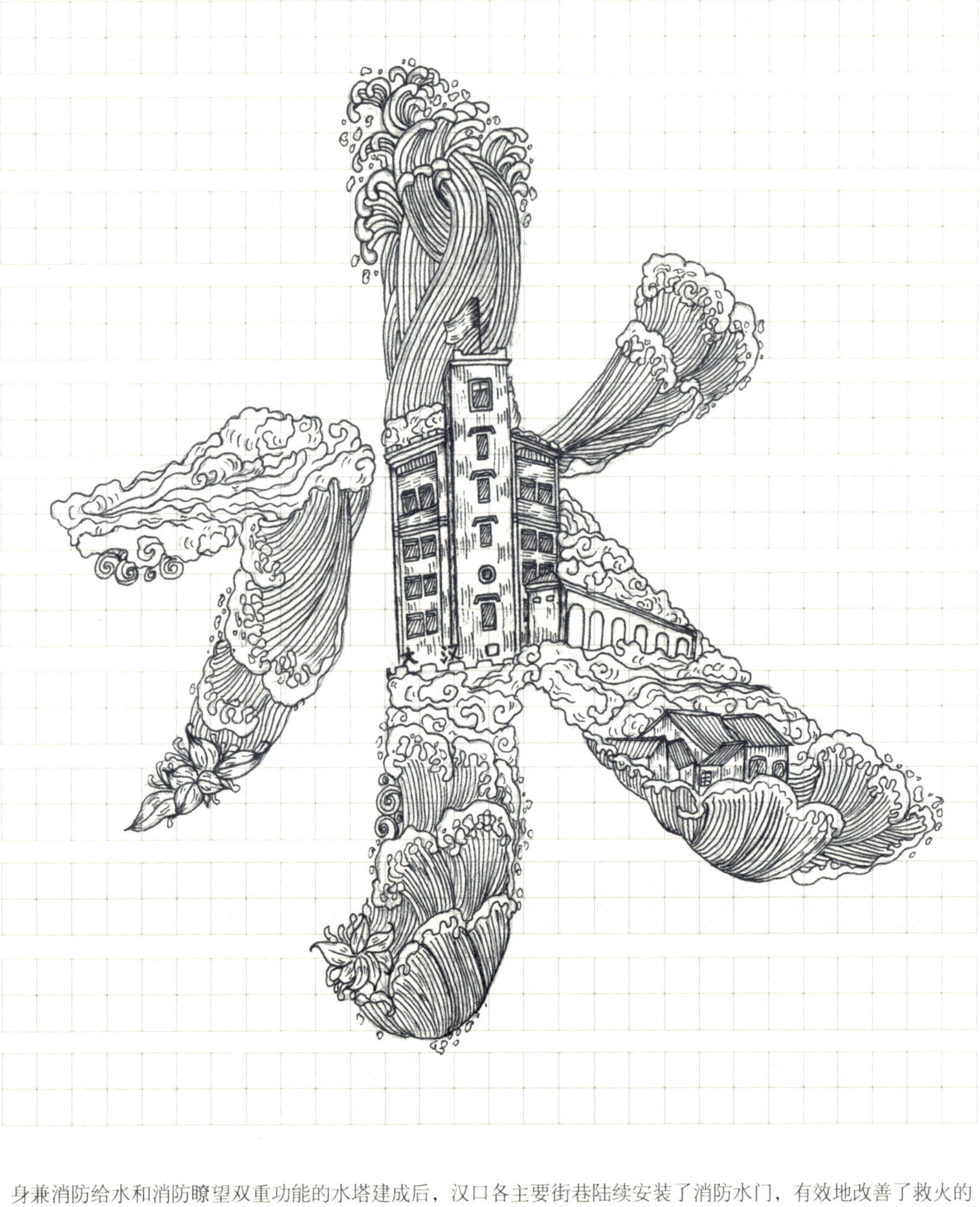

身兼消防给水和消防瞭望双重功能的水塔建成后，汉口各主要街巷陆续安装了消防水门，有效地改善了救火的水源问题。水塔的顶部是消防瞭望台，早年由民办消防组织和保安会负责，派出望丁四人，日夜轮流巡视。瞭望台上设警钟一具，重 2240 磅，现在此警钟下落不明。塔顶白天若挂红旗，夜晚若悬红灯，表示发生火灾。每遇火警，就敲钟报警，乱钟三十响后，再以响数告知失火地区：一响，洋火厂至华景街；二响，歆生路至前后花楼；三响，花楼至堤口；四响，堤口至四官殿；五响，四官殿至沈家庙；六响，沈家庙至大王庙；七响，大王庙至武显庙；八响，武显庙至仁义司；九响，仁义司至硚口。许多住在附近的武汉人，对于水塔临街大院门口停放的一排排“救火龙”，以及来来往往，踏着刺耳鸣笛声，身着防水服、雨靴，赶往一个个火灾现场的消防战士，肯定不会陌生。那紧张的旋律，百年间，似乎一直在水塔上空回荡。

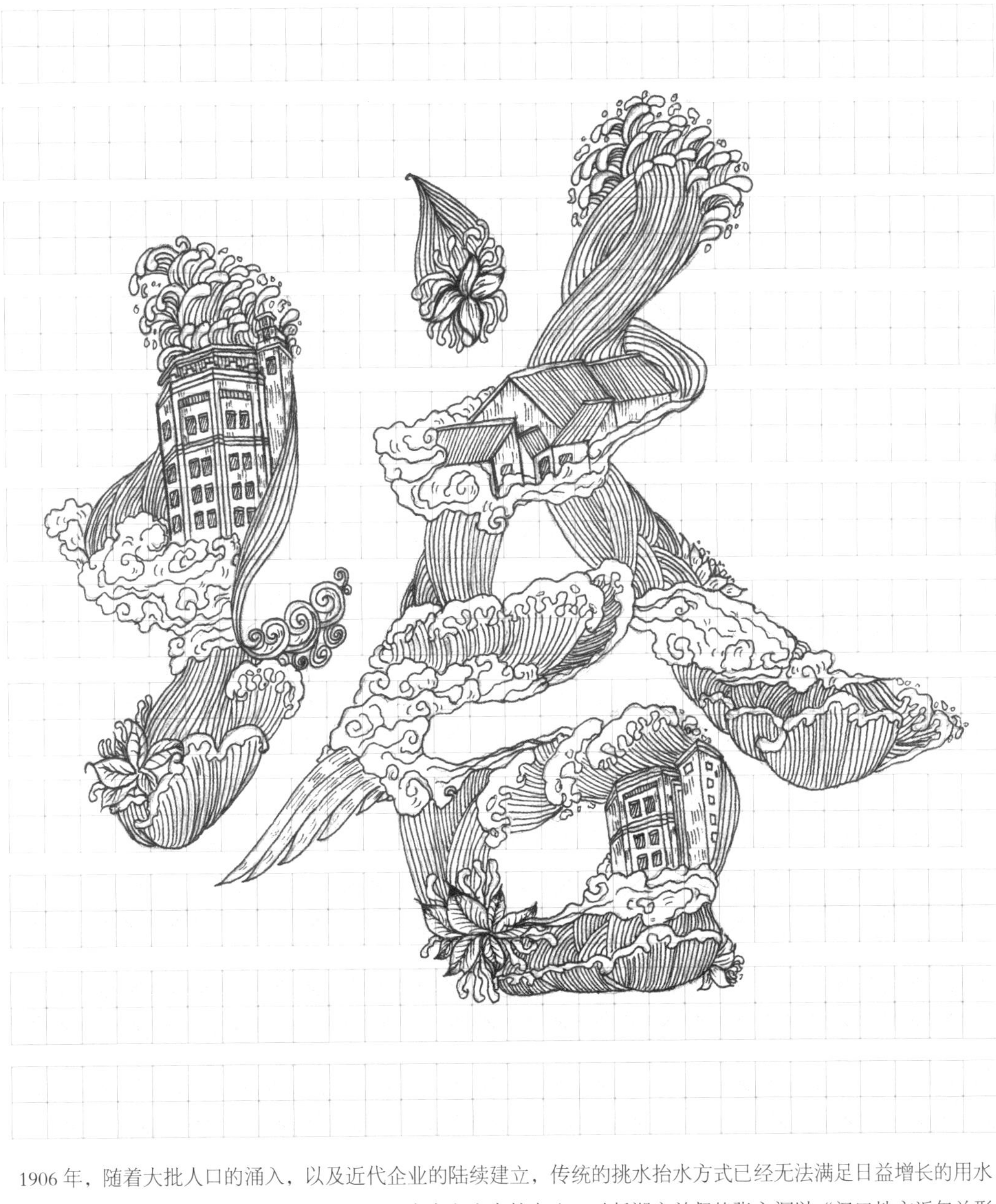

1906年，随着大批人口的涌入，以及近代企业的陆续建立，传统的挑水抬水方式已经无法满足日益增长的用水需求，而零星的自来水生产制水能力低，还常有安全事故发生。时任湖广总督的张之洞以“汉口地方近年益形繁盛”，“时疫流行，火灾迭见”为由，提倡兴办自来水事业。巨商宋炜臣看准了自来水在武汉是“大利之所在”，筹资成立“商办汉镇既济水电股份有限公司”，在硚口的宗关建立水厂。自来水刚接通的时候，人们担心水有毒而不敢喝，宋炜臣亲自出马，在汉正街上，于众目睽睽之下，豪迈地饮下一杯，大家这才打消疑虑，自来水便渐渐走进了千家万户。当年的自来水还不是送到每家每户，只能延伸到里弄里，老百姓要吃水，需去公用的水管那里买一种名为“欢喜”的竹签，凭签换水。每到清晨，穿着木屐的挑水工，在浸润着水汽的青石板上，踩着清脆的步子，晃荡着水桶，吆喝着汉腔汉调，为每家每户挑来一天生活所需用水。这么说起来，武汉人喝自来水，也有百年历史了。

Jianghan Road 江汉路

江汉路可说是最能代表武汉的商业街了。甲午战争前，英租界是汉口唯一的租界。英租界工部局得到“汉口地皮大王”刘歆生的同意，在租界西南边外侧修建了一条马路，命名为歆生路。歆生路作为在英租界工部局管理下的中英交界道路，不久就发展为武汉最繁盛的商业街。英租界收回后，改名为江汉路。20 世纪 80 年代中期，江汉路出现了武汉最早的夜市。由于晚上生意不错，一些商贩开始租用路边的门面，大白天也开门做起了生意。步行街的概念，是江汉路在 2000 年普及给大多数武汉人的。当一辆辆车被堵在路口，人们才明白过来：步行街，是“步行”的街。随着武汉人的荷包越来越“暖和”，人们又发现，步行街就是买东西的街。江汉路由此和“繁华”“热闹”“商业”这些火红色的词语联系到了一起，“去江汉路”也成为“寻开心”的代名词。

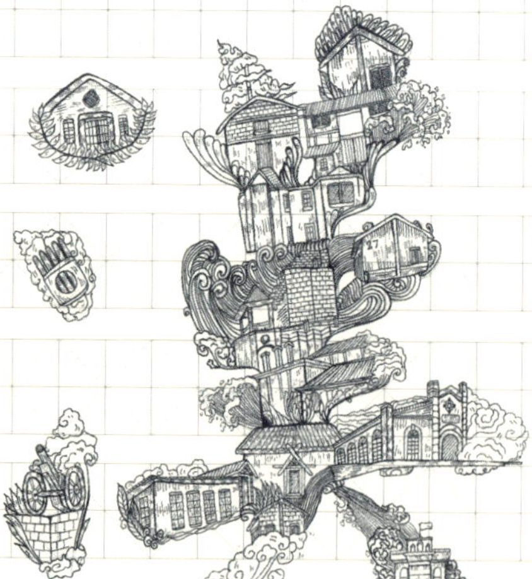

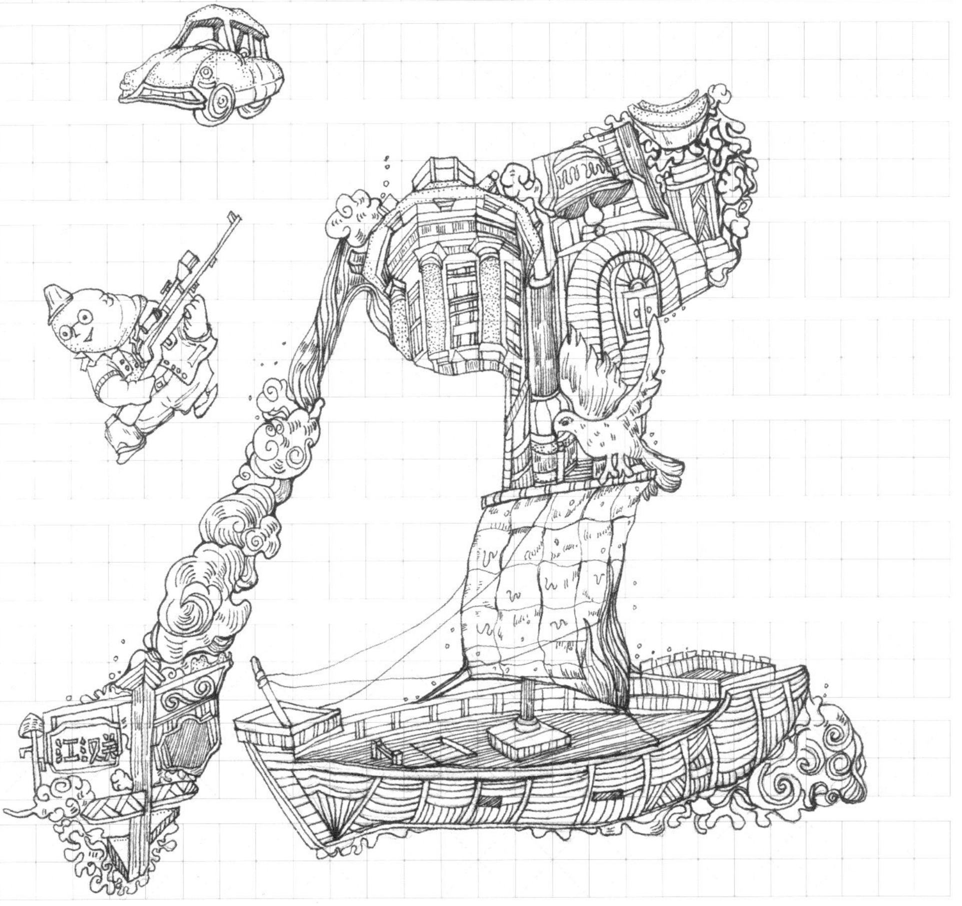

1906年刘歆生沿英租界湖塘填起，一点点填成江汉路。辛亥革命后，华人资本家迅速崛起，不到十年时间，江汉路一带成为汉口最繁华的商业世界。1927年，民国政府收回汉口英租界，将太平街和歆生路正式改名为江汉路。如今江汉路附近的中心百货大楼，老亨达利等老字号，江汉关等各种欧式建筑，便是江汉路繁华往事的最佳注脚。早年的江汉路一派繁华盛景，街上到处都是钱庄、布铺、烟站，还有摆地摊的。20世纪60年代，江汉路迎来新一轮翻修，公司逐渐增多，滋美食品厂、精益眼镜店、南京理发店、星火文具店都开到了江汉路上。江汉路的商业百年不衰，实在跟它所处的位置关系密切。南起沿江大道，贯通中山大道、京汉大道，北至解放大道，这些道路都是汉口的大动脉、主干道。一旁的吉庆街、铭新街，是汉口宵夜文化的旗帜。不远处是沟通武汉三镇的客运港，两侧是新落成的江滩，呈群星荟萃、众星拱月之势。

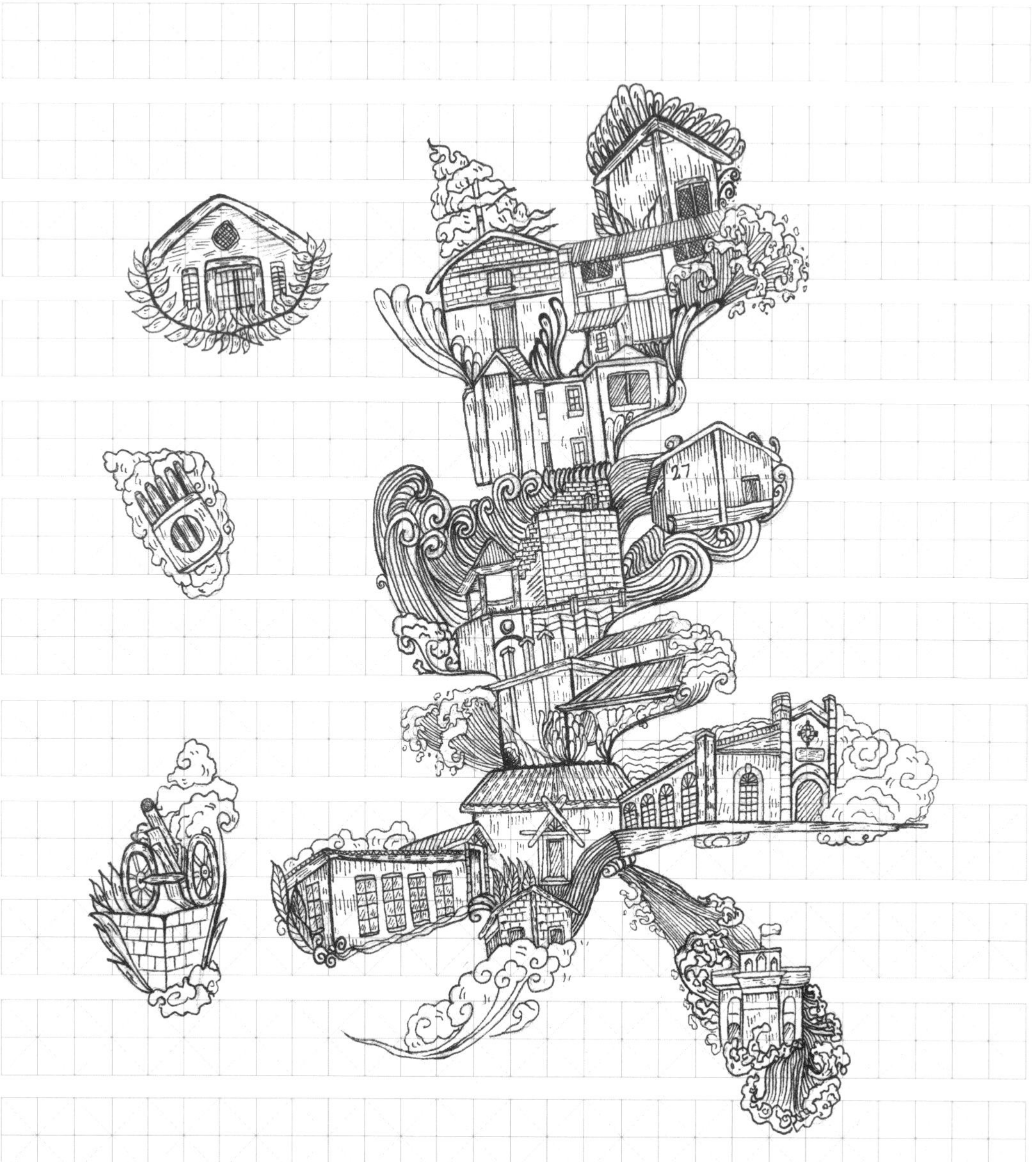

江汉路虽然只有 1210 米，但即使不购物，单纯只是游览，也不见得能在一天之内，把街上那一字排开的各种建筑看尽：罗马风格、拜占庭风格、文艺复兴式、古典主义、现代派……仿佛一个建筑的博览会。古罗马风格的日清洋行端庄恢宏：冠状的穹窿塔楼、厚重的水平檐、横三纵三的立面，柱廊间的台阶充溢着权威的感觉，墙面上每一块厚重的麻石都渗出凝重的味道。一旁的日信洋行，有着和它近似的造型，远远望去，两者浑然一体，更添几分庄重肃穆。用一块块石头建成的台湾银行、上海银行、大清银行，花饰精巧，线型曲美。古典风格的大清银行（后改为中国银行）呈四方形，大气凝重，风格突出。出自民国建筑大师卢镛标手笔的中国实业银行和四明银行，简洁、纯净、线条流畅，无疑是现代派建筑的典范。再加上红瓦清水墙，木窗白烟囱的上海村里份建筑群，江汉路的多彩多姿，令人目不暇接。

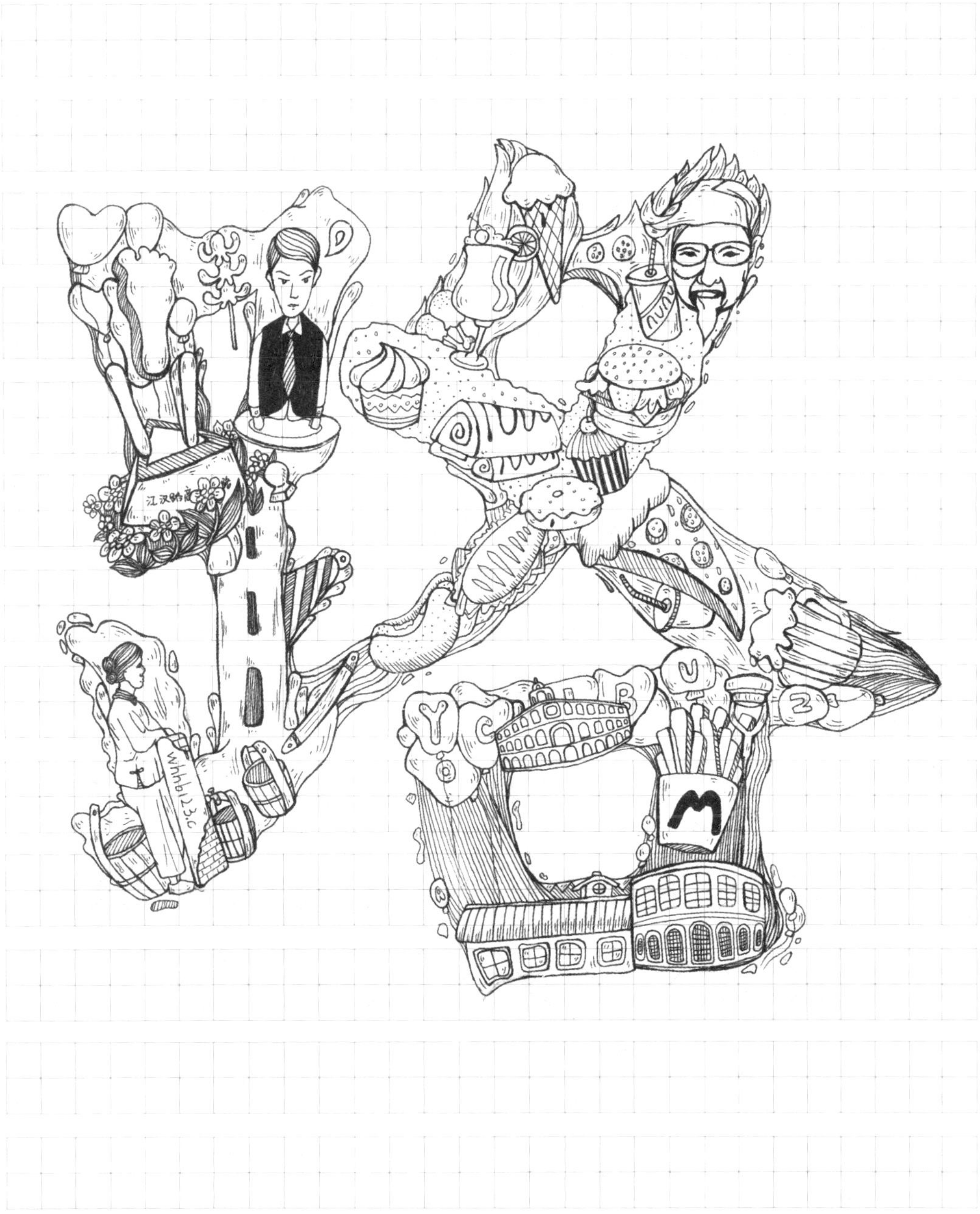

民众乐园始建于1919年，最初有杂技厅、舞台等表演场馆，既有阳春白雪、天南海北的戏剧，也有流行时髦的杂技魔术上演，还有中西餐厅和溜冰场、哈哈镜等游乐设施，满足着不同人群的多元化需要。建成不久即成为武汉最大的文化娱乐场所。1997年整修扩建，随即拥有了武汉市第一家五银幕现代化电影城、大型电子游乐场、歌舞厅、KTV以及各种特色小店（如武汉第一家美甲店、纹身店）。当时的武汉，武汉商场太贵，中山公园多是老人孩子玩的地方，汉正街又太市井嘈杂，江汉路刚刚恢复元气，峥嵘不显。去民众乐园，吃点小吃，买点别致的饰品，看场电影，成为当年年轻人假日休闲的时髦活动。

“硚”（qiáo）是生僻字，只在地名中零星使用。此“硚”，与“桥”有关。1864年，官府在袁公堤外筑堡开壕，修筑了一段形似半月的城墙，又在玉带河和护城河上修筑了37座石桥和木桥，其中有两座石桥架于玉带河和护城河通往汉水处，人们于是把两座桥所在的地区分别称作大、小硚口，因两座桥均为石砌，故写作石旁的“硚”。硚口算是因此二“硚”而得名。

20世纪初汉口开埠，随着租界的设立与铁路的开通，汉口商业中心逐渐下移至长江沿岸。硚口的汉正街遂成为全国知名的小商品市场。武胜路一带则成为华中地区鼎鼎有名的图书交易市场。而代表武汉的著名小吃“老通城”豆皮、“蔡林记”热干面、“四季美”汤包，也都肇始于此地。除此之外，硚口还以一区之力，培养出韩爱萍、伏明霞、乔红、李婷等十多位体育世界冠军，被誉为“世界冠军的摇篮”。硚口，真可说是商脉绵延不绝、文化生活兴盛红火。

Qiao Kou 硚口

Hanzheng Street 汉正街

汉水改道后，汉水北岸的居民们选择在沿河一带地势较高的墩台修房建屋，街市就沿着汉水的方向延伸，形成玉带门、杨家河、武圣庙、石码头、永宁巷等若干个东西向的居民街，仿佛记录武汉历史的一圈圈年轮。伴着袁公堤的修成，汉口渐渐不再惧怕洪水的威胁，水运的时机也开始成熟。码头的繁荣带来了南来北往的货物与商客，淮盐富户、山陕巨贾、江浙豪客、本帮商人，在这里交易、流转，直至定居，从行商变成坐商。异乡人，也都慢慢操起了汉腔。旧时的居民街变成商业街，沿河的墟市成了正街，形成“八码头临一带河”的态势。街面上，西段的粮棉油，东段的药材金银、典当票号，中段的布匹百货、山珍海味，“四海九州之物不踵而走，特形异物，来自远方者，旁溢露积”。汉正街的氛围和规矩，在这买买卖卖之间，大浪淘沙。

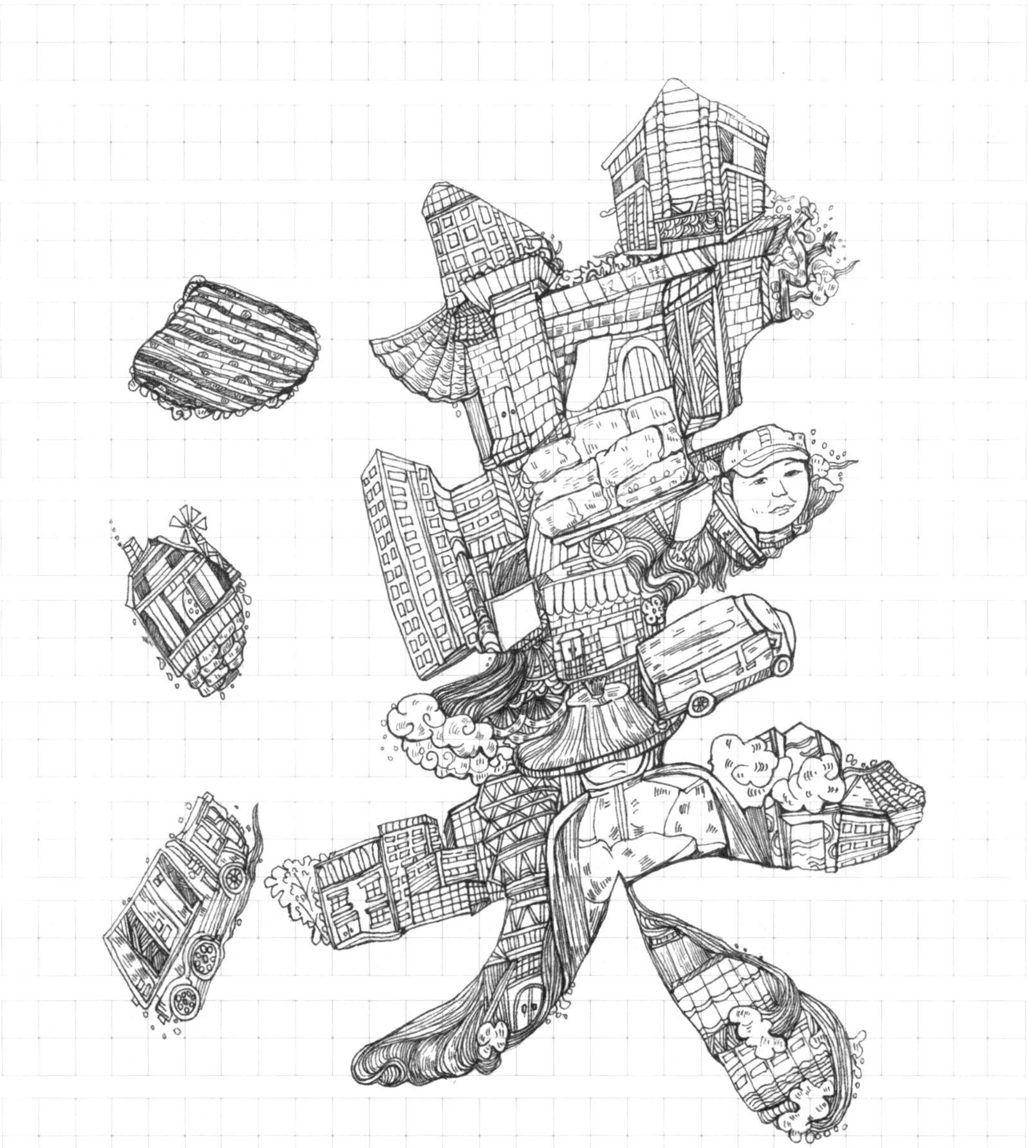

一时的时移世易，或许会让汉正街暂时失色，但只要稍微露出一丝阳光，汉正街上那浓得化不开的商业血脉，就会一次次沸腾起来。改革开放后，汉正街顺势而起，街面上的待业青年，国企里“不安于室”的工人、干部，就在马路两边，架上一个竹床或者钢丝床，拼上几个纸盒子，铺上货，一家店就这么开张了。后来，卖针织制品的温州人，卖塑料制品的台州人，卖服装辅料的义乌人，卖鞋帽的福建人，卖箱包的湖南人，卖布匹的河南人也纷至沓来。就靠着这些“草台班子”，短短十几年，汉正街再度成为华中最重要的小商品交易市场。“对外开放看深圳，拉动内需看汉正”之说，传遍中国。

说起汉正街，“扁担”是街上除了商人之外，最值得被言说的一个群体。以前的汉正街很窄，最早的永宁巷只有三米宽，宽宽窄窄的巷子交错纵横，沿街却有成百上千家作坊店铺。货流很大，却没办法来往车辆，连小四轮和板车都经常走不动，一条扁担，一根麻绳，加上一个步履矫健的人，成为沟通汉正街货物的纽带。这些人，也被简略地称呼为“扁担”。20世纪八九十年代是扁担们的鼎盛时期，没有半点夸张地说，是十万扁担挑起了天下第一街南北货物的往来。扁担虽然在汉正街扮演着如此重要的角色，但因为是力气活，总体收入并不高，挑一趟货，五六百斤也就挣几块钱。他们吃的是凉水就馒头，睡的是几块钱一晚的扁担房，扛下的却是身后的家庭。他们淳朴地认为，就算天气热一点、活儿重一点，也比种田收入高。对他们而言，汉正街充满着生活的希望。

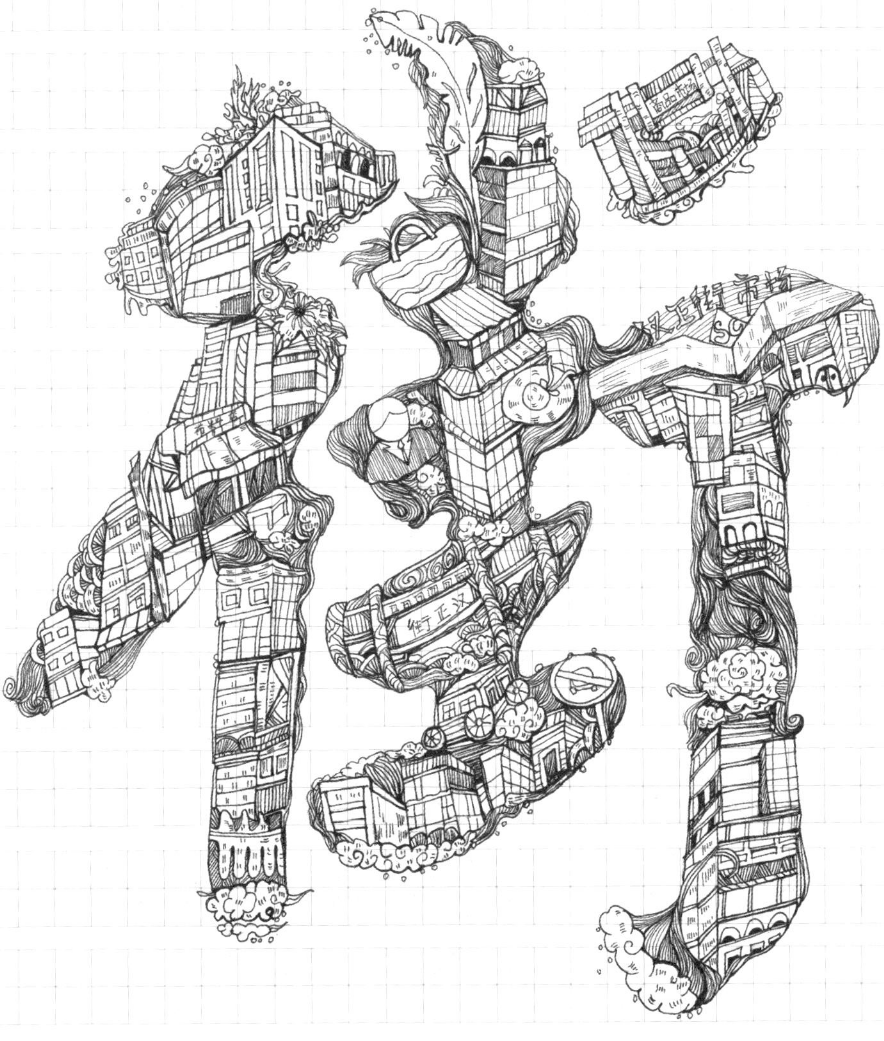

“这里真是一个阅尽人间烟火的去处。三五块钱一件的衣服，五六块钱一份的炒菜，治性病的江湖术士，算命的老道，支起四脚凳绞五七线的家庭妇女，端着饭碗串百家的中年男人，攥着五毛钱一根的土豆条跳皮筋的小孩……”每一个武汉人，回想起汉正街，都能说出好几个故事来：比如去办年货，买了一百个气球，整整吹了一年……比如在大商场一千多的衣服没舍得买，来到这里，发现八十块钱还能再拦腰砍价……再比如第一次像个土豪一样，一次买了一箱零食……回忆尽管都只是零星片段，却能拼合成最生动鲜活的汉正街印象。

Xinhua Bookstore at Wusheng Road

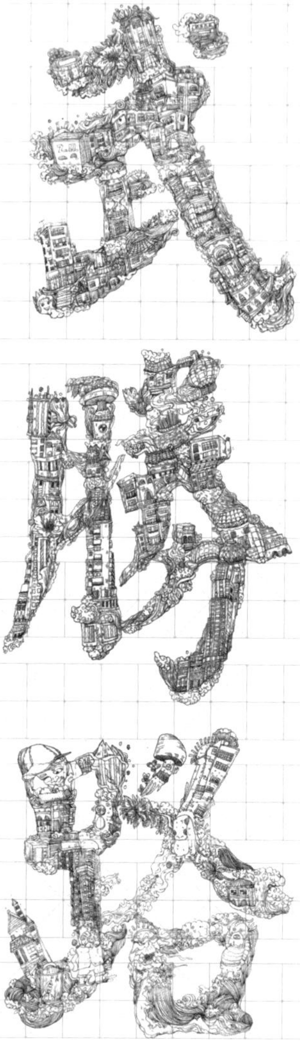

这几年，武汉新开了不少时髦的书店，武汉的爱书人有了丰富的选择。但要说起多数人对武汉书店的印象，武胜路新华书店是总也绕不开的回忆。武胜路原名武圣路，相传此处曾有一座小型的武圣庙。1971 年，武胜路新华书店落成，在此后三四十年的光景里，这里成为武汉乃至周边城市和省份读书人心目中的圣地。早年读者走进武胜路新华书店时，都会被整架整架的书籍所吸引。小孩子在跟别人自我介绍时，如果说起自己住在武胜路新华书店旁，也总能获得不少羡慕的眼神。

武胜路新华书店

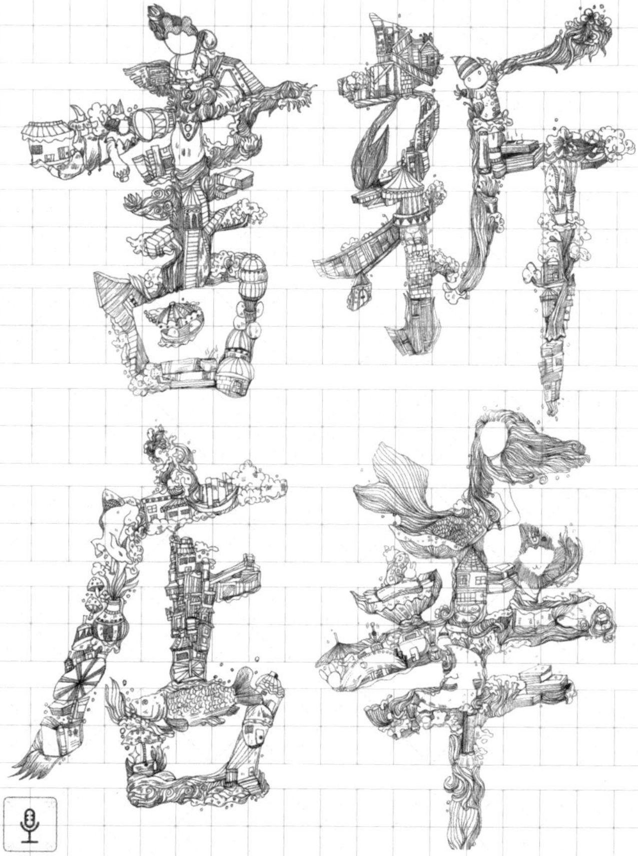

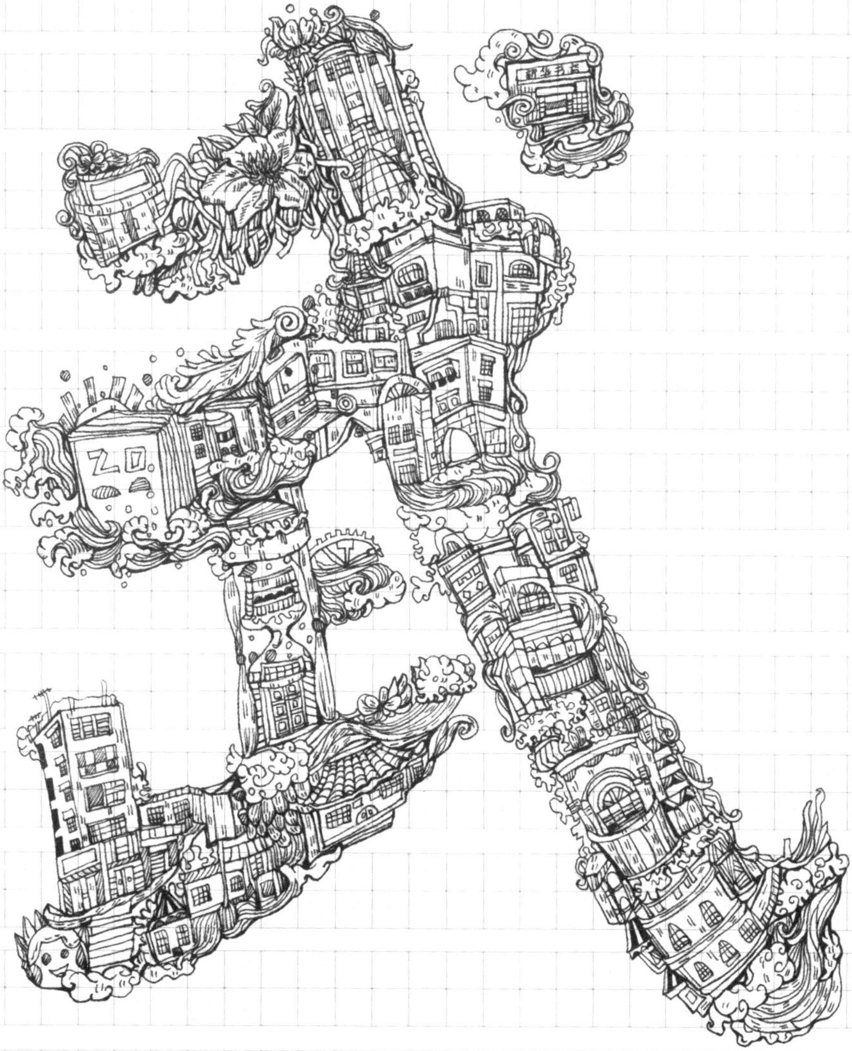

武胜路新华书店是武汉地区开作家签售风气之先的书店，倪萍、水均益、易中天、崔永元、姜昆、郭敬明等名人、作家都曾在此举办签售会。每当有这种活动的时候，围拢过来的读者能排到大门外的马路上。有些活动开始前两个小时，连大门都挤不进去了。门内是书籍琳琅满目，门外也是人文鼎盛。一到周末和暑假，店门前就会有很多武昌的大学生跨江而来，拿着学生证和写有“家教”字样的牌子，寻找勤工俭学的机会。当然也有不少心心念念想要提高自己孩子成绩的父母领着满脸好奇的孩子穿梭其间。让人觉得，这或许是武汉文脉的另一种传承方式。

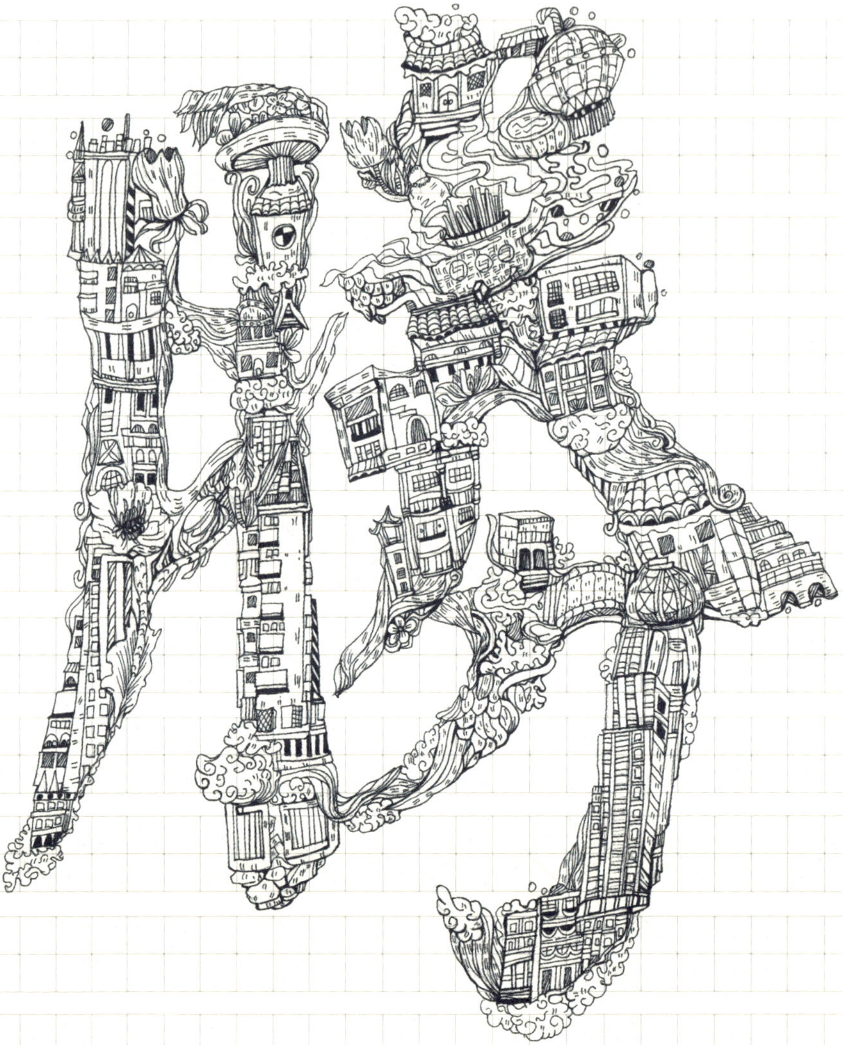

武胜路新华书店位于市中心，二三十年前的武汉家庭，曾流行过一种武汉一日游，上午先到中山公园玩，中午吃一顿江汉路上新开的肯德基或是麦当劳，然后到武胜路新华书店买书，最后把江汉路逛一遍，就是富有武汉特色的圆满一天了。当然，也不是所有孩子都有那份运气的。那些年，大部分的穷孩子还买不起书，只能在书店里泡着，坐在台阶上，一坐就是一天，从小学到大学，直到成年后，那些原来的穷孩子再回到这里，再看到书店一角蹲坐着认真看书的孩子，大概都会怀念起自己的少年时代。

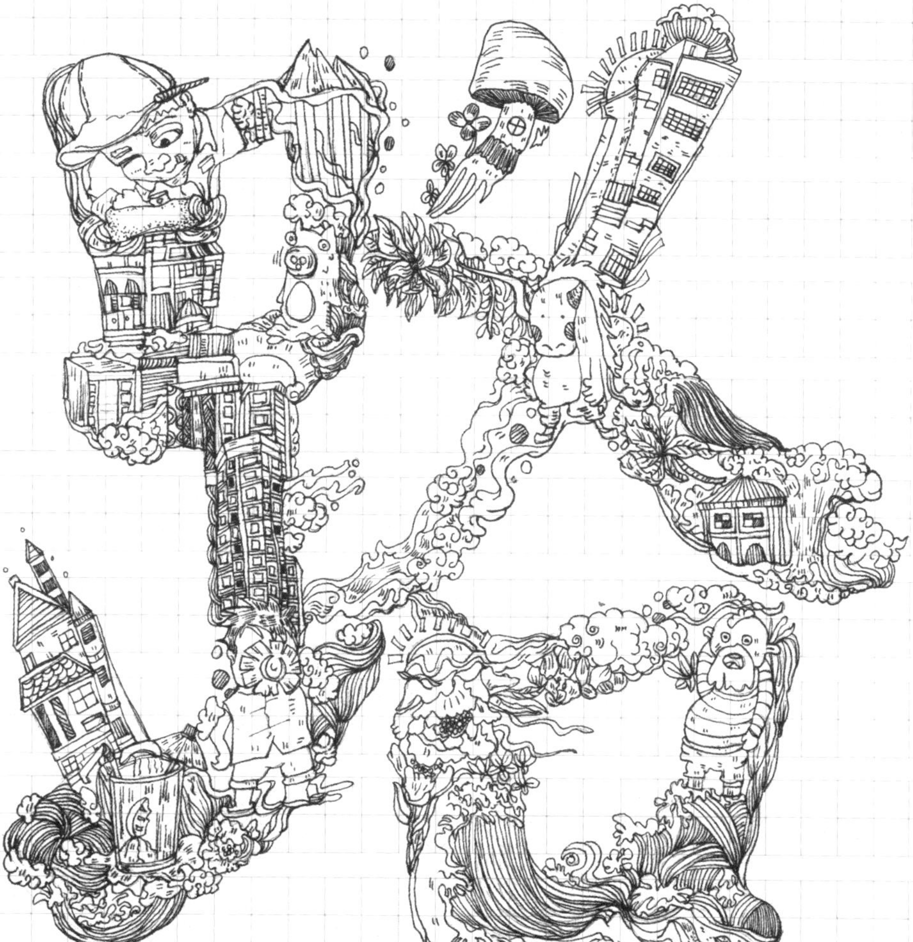

一位名叫何志龙的读者曾在书店的留言墙上写下这样一段话："上世纪 70 年代初，我和小伙伴从七里庙步行到武胜路新华书店看小人书，看完后又步行回七里庙，每次都饿得慌。我的小伙伴叫'力可南'，武汉拖拉机子弟小学学生，今天他还好吗？"这些武汉人心底里的柔软，成为城市最为甜蜜的文化回忆。

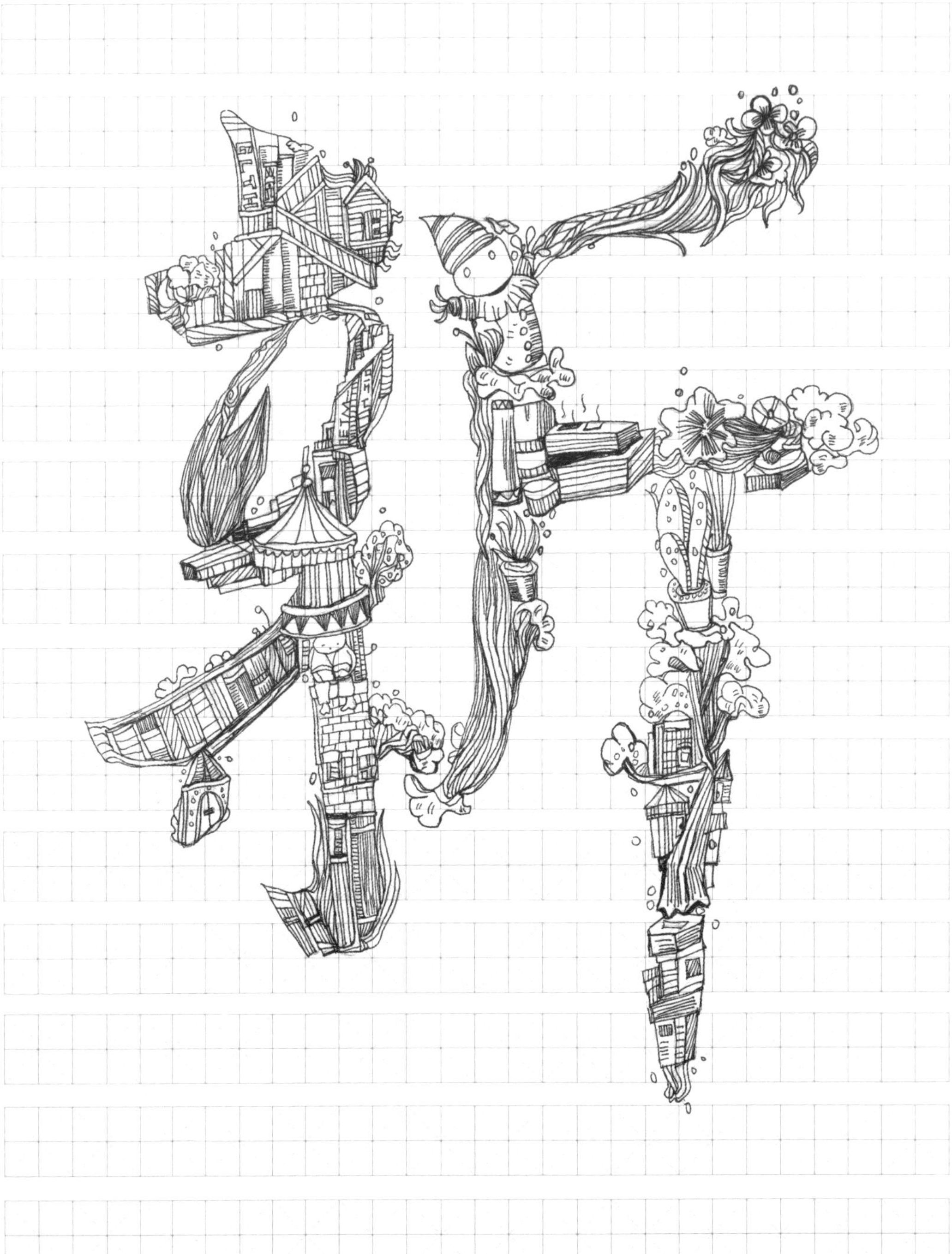

说起武胜路新华书店，老一点的读者大都会有这样的印象：早年的新华书店不“开架”，要什么书得由售货员从架上取下隔着柜台递出来；读书人比较讲脸面，觉得总是麻烦店员不太好意思，往往抓耳挠腮，思前想后，才敢劳烦一下售货员同志。后来武胜路新华书店率先开架售书，读书人的精气神为之一振。

当年没有品类丰富的网络书店，很多小书店就那么点品种，往往难以满足需求。80年代的武胜路新华书店，书的品种多，版本也新，还有不少平常难得一见的冷门书，几乎成为当时湖北乃至周边几省读书人找书的不二选择。另外，当年的武胜路新华书店还有磁带这种新潮的产品出售，是那时有追求的年轻人跟知识结缘、跟女朋友谈恋爱的地方，是与中山公园齐名的恋爱圣地。书店里，抱一本书接头，神情慌乱又满怀期许的青年男女，成为当年一道亮丽的风景线。

在 20 世纪 80 年代中期，民营书摊出现在武汉的街头巷尾。硚口区政府借鉴长沙黄泥街的经验，在武胜路辟出一块地方，让大家集体练摊开店，这就是著名的武胜路图书市场。当年的武胜路图书市场，位于南段几栋老旧的居民住宅楼间，一排排的铁皮房里，曾挤着数量多达四百家的小书店。凭着武汉浓厚的商业和人文气息，这块小小的市场很快就和长沙黄泥街、成都玉龙路鼎足而三，进而又因其规模最大，名头响亮，在图书圈子里号称“天下第一书市”。

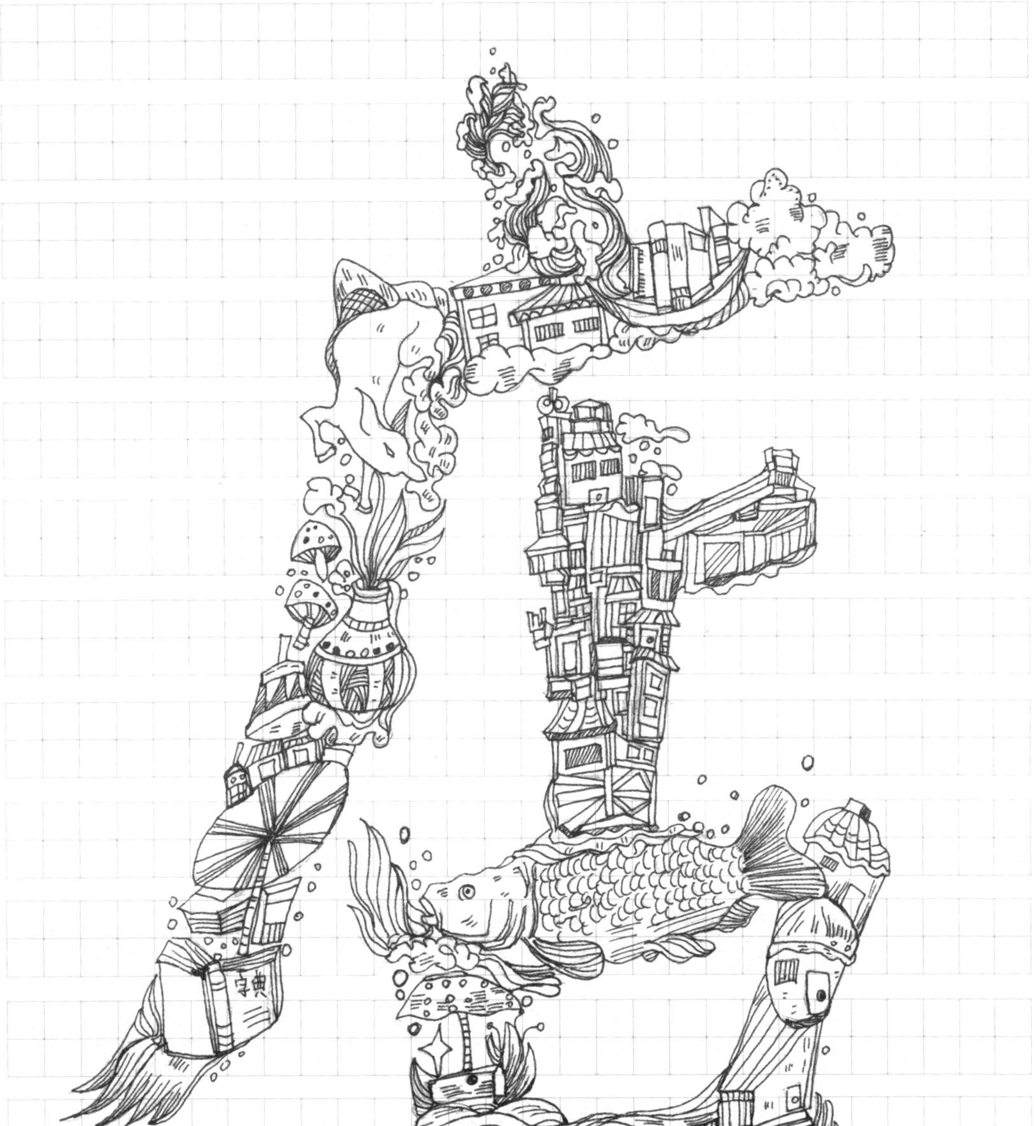

在新华书店还未开架的时代，这些小小的私人书店，曾是读书人找书淘书的好去处，又因为民营老板做生意灵活，很多时候能找到一般国营书店找不到的书，颇受一些资深读书人的欢迎。新世纪以来，随着武胜路新华书店拆建改造，书市也逐渐搬迁至别处。但这份武汉人的读书回忆，却久久不会消逝。

汉阳区地处武汉市西南部，与汉口、武昌鼎足而三，独居一镇。

山之南、水之北谓之“阳”，汉阳古时位于汉水之北。明朝中叶，汉水改道，经龟山北麓入江。后来，汉水以南仍称汉阳，汉水以北则改称汉口。汉口由此形成，汉阳反而处于汉水之南了。

汉阳历史悠久，在东汉末年建城，旧城门直到 1928 年北伐战争时才被拆除。有关汉阳的故事更是源远流长，如大禹治水、高山流水、关羽洗马、李白夜游等，时至今日，仍在民间流传。汉阳的风景名胜也是数不胜数，五百罗汉分列其间的归元禅寺，三国时代就惯看秋月春风的龟山堡垒，寄托了无数武汉孩子童年梦想的汉阳动物园……清朝末年，汉阳还一跃成为中国工业的中心，汉阳铁厂、汉阳造步枪，为后来的新中国锻造出一根遒劲有力的肋骨。

Han Yang 汉阳

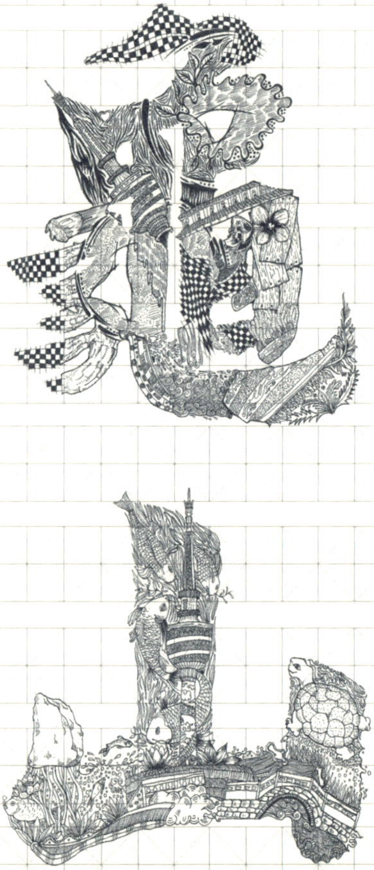

Guishan TV Tower

龟山电视塔坐落于长江大桥汉阳桥头，龟山之巅，也是武汉著名的旅游景点和地标。电视塔与黄鹤楼遥相呼应，脚下是晴川阁和“万里长江第一桥”——武汉长江大桥，身后是“三楚胜境”之一的古琴台。龟山电视塔最早给人的感觉是“高”，20 世纪 80 年代，武汉还没有这么多高楼的时候，从古田都能远远看到它。龟山电视塔是我国在没有可借鉴和参考经验的情况下，自行设计、施工，兼具旅游功能的第一座钢筋混凝土广播电视发射塔。塔净高 221 米，电视天线 85 米，塔顶海拔 311 米，从长江江面到塔顶的相对高度为 280 米，就高度而言，比号称“欧洲桅杆”的荷兰首都阿姆斯特丹的高塔还要高出一截，曾有“亚洲桅杆”之称。高高的塔楼上有露天瞭望平台、旅游瞭望厅等不同平台层次，可同时接待 350 人游览。还有颇受欢迎的直径 17 米的大型旋转餐厅，装饰豪华，富丽堂皇。游客可以一面品尝各种美味佳肴，一面随缓缓旋转的餐厅饱览武汉全貌。

龟山电视塔

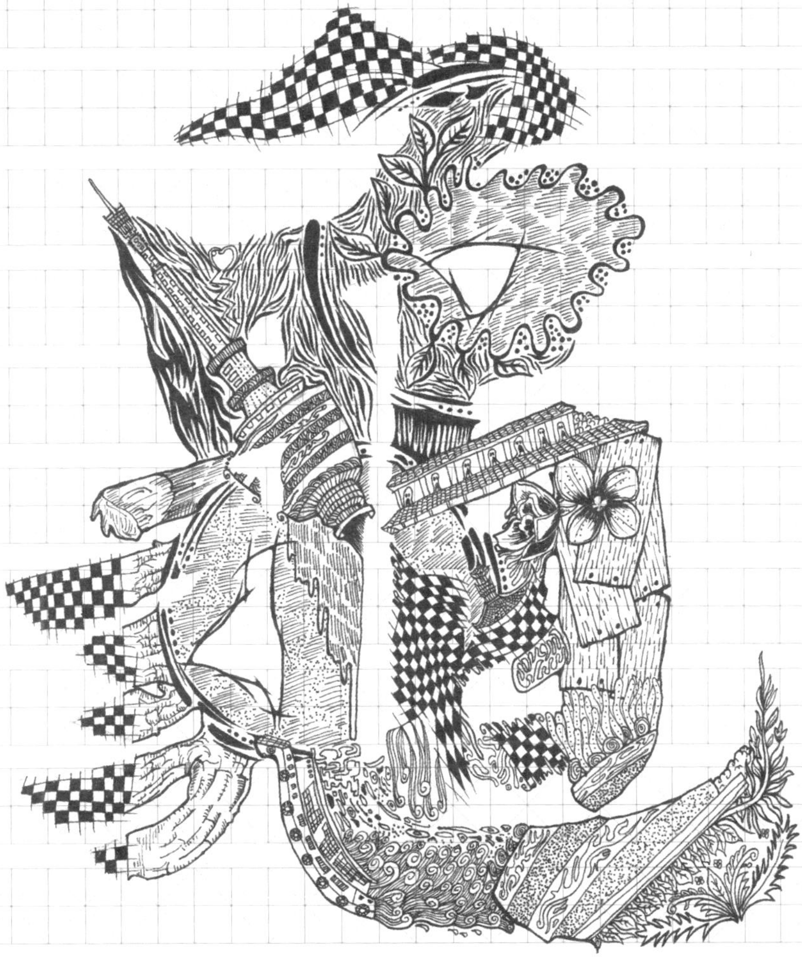

龟山，又名鲁山，古时称翼际山。按《禹贡》记载，龟山原名大别山，因东吴大将鲁肃有衣冠冢在此，后又称鲁山。鲁山之名一直沿用到明代，明朝皇帝崇信道教，道教重要神祇玄武大帝为龟形，湖北巡抚王俭为逢迎皇帝，依鲁山的形貌，将鲁山改名龟山。又因道教向来喜欢龟蛇并举，于是将江对面蜿蜒的黄鹄山改名为蛇山。这一改，当真不同凡响，令这长江汉江交汇之处，仿佛天庭之上南天门一样，有龟蛇二将把守。亦有传说大禹治水到此，遇一水怪作乱，数载不克，后得灵龟降伏水怪，治水成功。后灵龟化为一山，即龟山。在龟山东端，有禹功矶、禹王庙、摩崖石刻等古迹；晴川阁遗址即在禹功矶上，与蛇山矶头上的黄鹤楼隔江相望，为“三楚胜境，千古巨观”。

龟山前临大江，北带汉水，西背月湖，与武昌蛇山夹江对峙，形势十分险峻，毛泽东赞为“龟蛇锁大江”。自古以来，这里便是兵家必争之地。三国时东吴于此设要塞，与曹兵曾几番血战；晚清太平军三下武昌，在龟山一带摆开战场；辛亥首义后的阳夏战役，革命军也是首控龟山；抗日战争中，龟山上装了高射炮，一颗颗炮弹怒向敌机。龟山若论文采风流，略输上有黄鹤楼的蛇山，但若论英雄气概，却少有名山能望其项背。思接千古，在江汉汇流的土地上，不知曾演出过多少千军万马、惊天动地的史诗。世人在龟山为大禹、关羽、岳飞等英雄人物设祠立庙，想必也是龟山英武之气的映照。

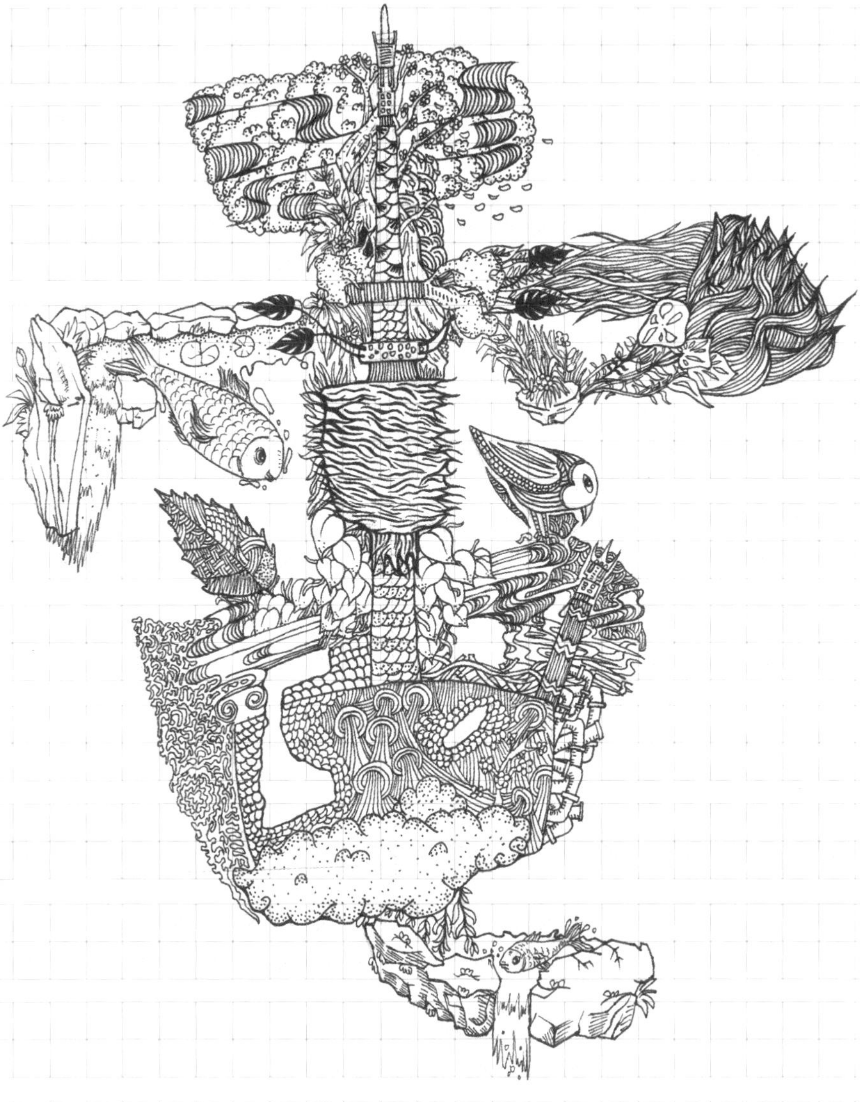

七零后的武汉人，或许还会对自己家里的第一台黑白电视机留有印象。当时，大部分湖北家庭的电视机，都是武汉莺歌牌的。“神州辽阔，处处有莺歌”也是当时无人不晓的广告词。

当年，电视机还是奢侈品，在一个月工资只有几十元的条件下，买一台电视机要一家人节衣缩食一两年。但一台电视机给清贫生活所带来的欢乐，又远远超出电视机本身的价值，以至于就算这台电视机坏到没办法修了，很多满怀感情的人家，也不愿意将它扔掉或卖掉。

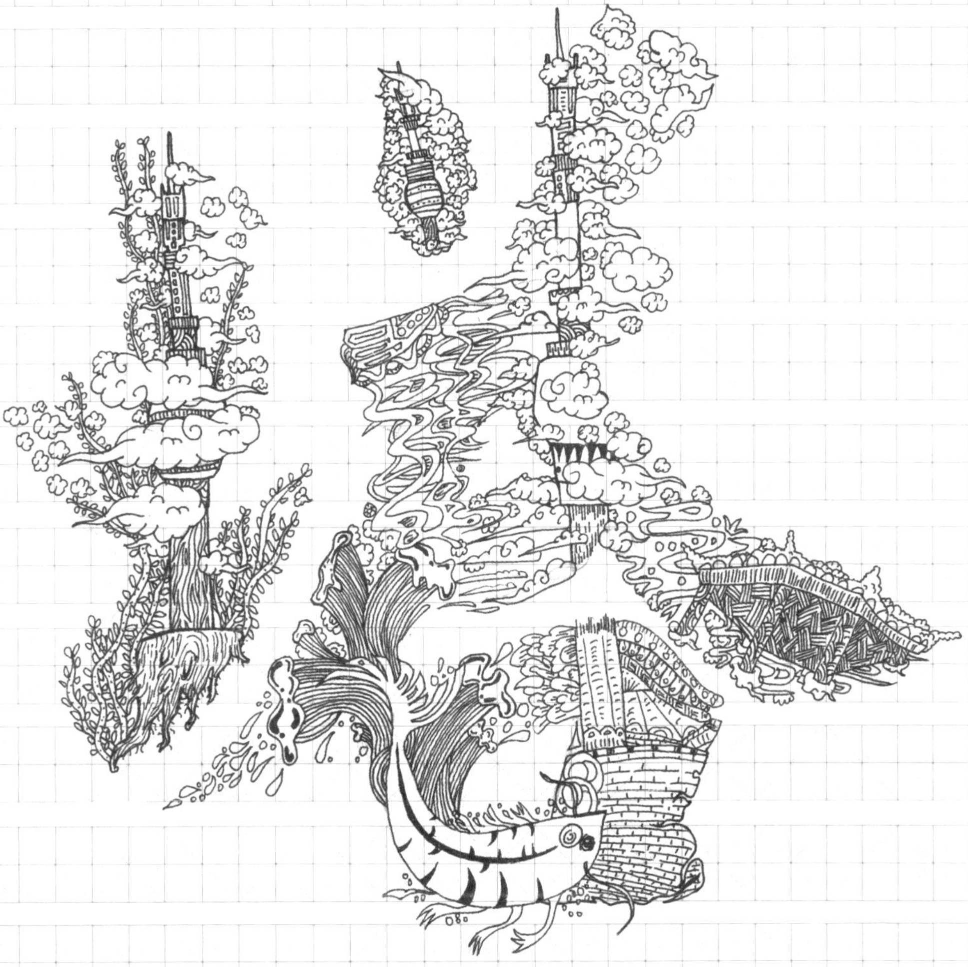

到了八零后的一代，生活已经与电视分不开了。1985 年武汉电视台 19 频道开播香港电视连续剧《霍元甲》，万人空巷，整座城市的交通一下都顺畅不少。第二天的学校里，单位上，总能听到人哼唱“万里长城永不倒，千里黄河水滔滔”。一家人每天晚上也不到处跑了，连乘凉都不去了，准时搬着小板凳，坐在电视机前，生怕漏掉一个画面。许多人的近视眼，就是在那时候落下的。

Made in Hanyang 汉阳造

龟山脚下，正是中国近代工业的发源地之一——汉阳铁厂的所在。1889 年，张之洞调任湖广总督，筹建汉阳铁厂。盛宣怀受命执掌铁厂，他以商人的眼光斥巨资购进新机器，精炼出被英、德专家认为少见的头等钢，并在铁厂周围带动起一大批“汉阳造”品牌。2012 年 11 月，一段铸有“1902 年汉阳铁厂造”字样的铁轨在四川万源的铁路桥上被发现，后经证实是汉阳铁厂为早期中国铁路所生产的 3300 公里铁轨中的一段。一百多年前的“汉阳造”品牌，依托于汉阳龟山至赫山临江一带，形成蔚为壮观的十里“制造工业长廊”。1890 年汉阳铁厂艰难诞生、蹒跚起步，被西方视为中国觉醒的标志。现在的汉阳铁厂，又成为武汉闻名的艺术和文创产业聚集区，为“汉阳造”这块亮色名片，涂上了更为闪耀的色彩。

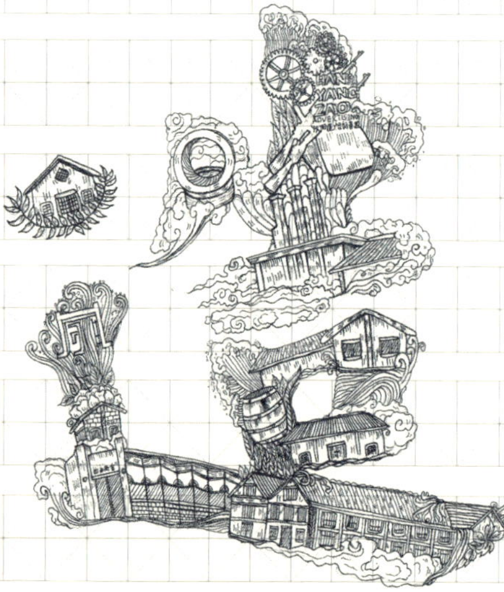

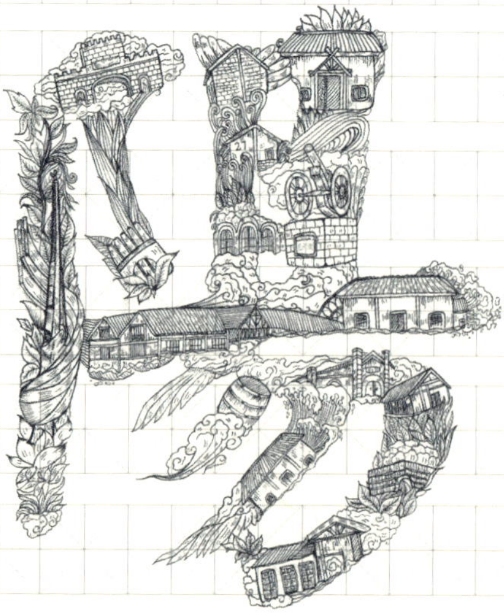

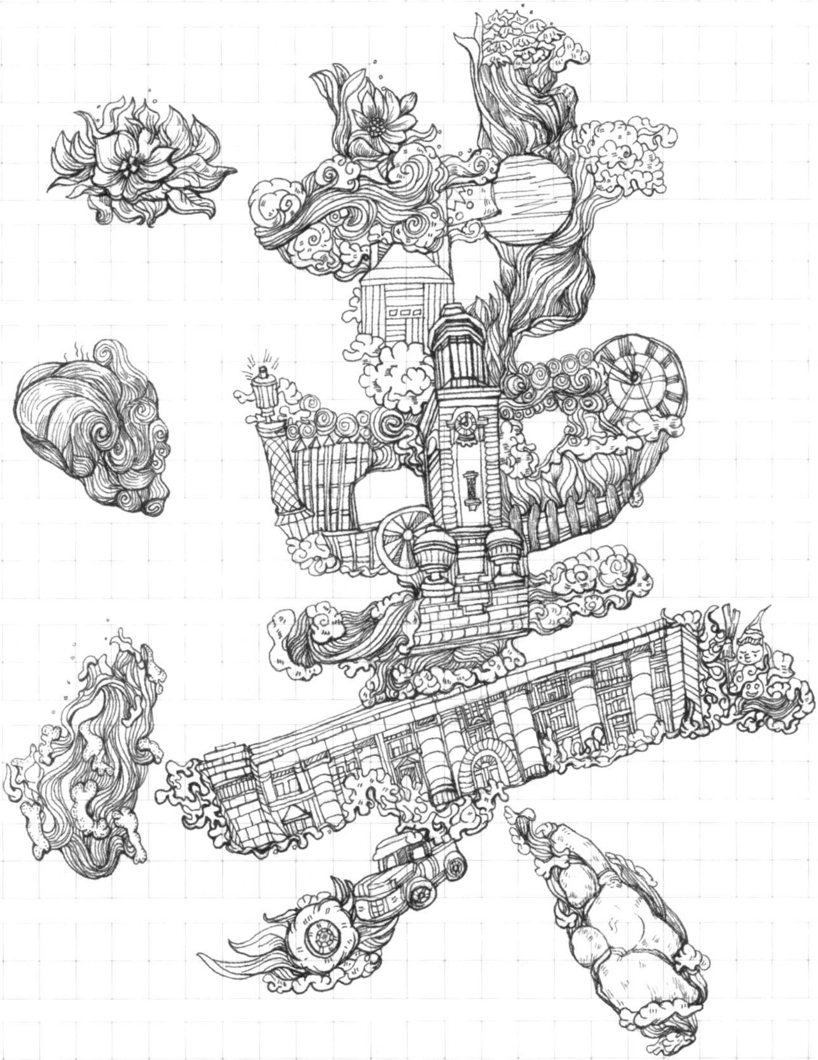

最早的“汉阳造”，是汉阳兵工厂生产的“汉阳造”步枪，这款步枪是中国武器史上的一个传奇。19 世纪末，时任湖广总督的洋务派大佬张之洞，因觉得国内各机器局规模太小，制枪也多为手工，十分落后，决定购置机器，建设新厂。当时德国 1888 式委员会步枪，因质量问题，被大名鼎鼎的毛瑟枪所取代，正愁销路的德国人，利用张之洞对“毛瑟”品牌的迷信，谎称这种步枪就是毛瑟步枪，将设计图和生产机械出售给了他。后因主要生产者是汉阳兵工厂，故一般称之为“汉阳造”。谁料这款步枪经过多次改良，设计更趋合理，技术更加成熟，获得“性能可靠、结实耐用”的褒奖。根据参加辛亥革命的士兵回忆，当年革命军所用的步枪全是汉阳兵工厂生产，所以，辛亥革命第一枪应该就是用“汉阳造”打响的。“汉阳造”的使用，从 1896 年持续到抗日战争结束前的 1944 年，历时半个世纪，成为近代中国使用时间最长、应用范围最广泛的轻武器。

“汉阳造”艺术区，又名“824 创意工厂”，地处武汉龟山脚下。艺术区所用的废弃工业厂房，便是当年汉阳兵工厂的一部分。而“824”工厂为新中国的军工厂，后来成为武汉磁带厂，和北京“798”工厂有着类似的历史背景。20 世纪 90 年代，厂房不再使用，一些本土的文艺青年聚集过来，利用老厂房的布局建成工作室、画室和个性餐厅。“汉阳造”，渐渐从工业名词向文艺名词过渡。“汉阳造”代表着中国的工业革命，象征着中华民族的觉醒。而中国的崛起既需要经济复兴，也需要文艺复兴，“汉阳造”艺术区借“汉阳造”之名，是想要为中国中部的文化艺术发展点燃薪火。秉承“汉阳造”的精神，他们也许能够获得成功。

如今的汉阳铁厂遗址前，竖立着一个门楼，上书“汉阳铁厂”四个繁体字。门楼左边，数吨重的钢模被安放在一块基石上，上面镌刻着“华夏钢源”四个字。走进门楼，映入眼帘的是清末湖广总督张之洞的半身像，雕像伫立在一片花丛中，两眼深邃地注视着前方。道路两边是一些钢雕，都是各种各样的生产设备，被涂上了各种色彩。前方是一处占地约 700 平方米的两层仿欧式建筑，即“张之洞与汉阳铁厂博物馆”。2005 年 8 月，在多名两院院士的建议下，利用废旧厂房，建立了这座博物馆，全面收集了当年汉阳铁厂的图文资料，为“汉阳造”精神的传承，奠定了坚实的基础。

Guqin Platform 古琴台

国人将志趣相投的朋友称为知音，如果说黄鹤楼代表的是武汉人对白云黄鹤之自由的向往，那么古琴台的故事，毫无疑问就是武汉人对待友情的真实写照：收获志趣相投的朋友，生死相交也只是等闲。北宋时，人们感念伯牙、子期之间的情谊深厚，特在当年伯牙抚琴处筑台纪念，始有古琴台。古琴台地处龟山、月湖之间，山水相映，景色秀丽。建筑群落广阔，除殿堂主建筑外，还有庭院、林园、花坛、茶室等，布局精巧，层次分明。殿堂前有琴台，为汉白玉筑成的方形石台，约20平方米，相传即为伯牙抚琴之处。

伯牙善鼓琴，钟子期善听。伯牙鼓琴，志在高山。钟子期曰：“善哉！峨峨兮若泰山！”志在流水，钟子期曰：“善哉！洋洋兮若江河！”伯牙所念，钟子期必得之。伯牙游于泰山之阴，卒逢暴雨，止于岩下，心悲，乃援琴而鼓之。初为霖雨之操，更造崩山之音，曲每奏，钟子期辄穷其趣。伯牙乃舍琴而叹曰：“善哉！善哉！子之听夫志，想象犹吾心也。吾于何逃声哉？”

——《列子・汤问》

伯牙鼓琴，钟子期听之。方鼓琴而志在太山，钟子期曰：“善哉乎鼓琴！巍巍乎若泰山。”少选之间，而志在流水，钟子期又曰：“善哉乎鼓琴！汤汤乎若流水。”钟子期死，伯牙破琴绝弦，终身不复鼓琴，以为世无足复为鼓琴者。非独琴若此也，贤者亦然。虽有贤者，而无礼以接之，贤奚由尽忠？犹御之不善，骥不自千里也。

——《吕氏春秋・本味》

知音文化肇始于古代文学典籍，繁盛于《高山流水》这样的千古名曲。后世“高山流水”这一成语，除了比喻知己或知音之外，也有赞誉乐曲高妙的意味。琴曲《高山流水》是中国十大古曲之一，传说就是俞伯牙所奏，在唐朝前本为一曲，后分为《高山》《流水》二曲。随着明清以来古琴演奏艺术的发展，《高山》《流水》有了很大变化。乐谱最早见于明朝朱权的《神奇秘谱》，其题解说：“《高山》《流水》二曲，本只一曲。初志在乎高山，言仁者乐山之意。后志在乎流水，言智者乐水之意。”另有筝曲版本的《高山流水》，音乐与琴曲迥异，也无传承关系，只是取材一致而已，旋律典雅，韵味隽永，颇具“高山之巍巍，流水之洋洋”之意。1977年，联合国教科文组织将琴曲《流水》录入金唱片中，由美国“旅行者一号”探测器带入太空，在宇宙中长期播放，希冀能在茫茫宇宙中找到知音。

古琴台旁，便是月湖。月湖因古汉阳却月城而得名，源于明朝汉水改道，主流汇入长江后，一脉留下了月湖。也有一说，是古时月湖尚在龟山脚下，形似月亮，故而得名。古时月湖“长约八里许，宽以一里计”，曾有古洞仙踪、板桥花影、僧楼钟韵、琴台残月、柳映长堤、荷风曲溆、宵市灯光、梵寺朝晖等八大景观，有桃花夫人的传说流传于世。而今的月湖公园，也丝毫不逊色，与古琴台隔湖相望的琴台大剧院，是武汉最高档次的文化表演场所。南岸的露天舞台广场旁，有以编钟为主题的音乐森林，可以同时容纳上万人休闲放松。西南梅子山下，还有一处莲花湿地。真正做到了自然人文景观荟萃，既是三镇交汇处一景，也是市民小憩的绝佳场所。

Guiyuan Buddhist Temple 归元寺

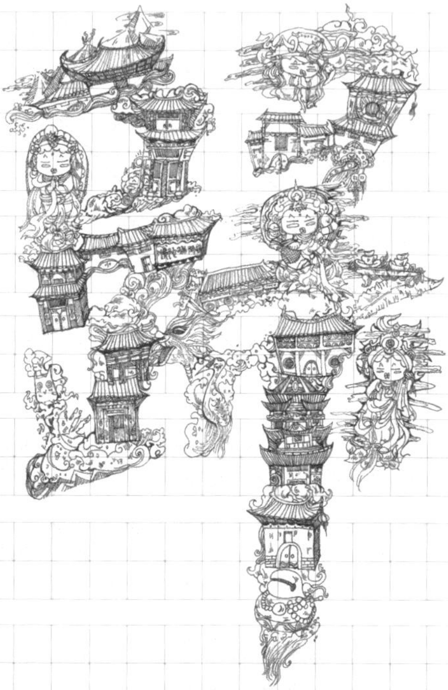

归元寺位于翠微路西侧，属于佛教禅宗“五家七宗”之一的曹洞宗，故称禅寺。因寺内古树参天，花木繁茂，又被赞誉为“汉西一境”。1659 年，白光、主峰两位法师弘法行善，感动信众，信众遂集资买下汉阳王氏葵园以建造禅寺，并取佛经“归元性不二，方便有多门”之意，命名为“归元禅寺”。1662 年，白光法师离开，其留下的《临别酬咏》，成为归元禅寺开创初期“清规”的重要组成部分。主峰则登上了该寺开山祖师的法座，成为第一任方丈。归元寺以五百罗汉最为知名，吸引了南来北往无数游客前来观赏游玩。每年春节期间，不少武汉人也会来这里拜财神。

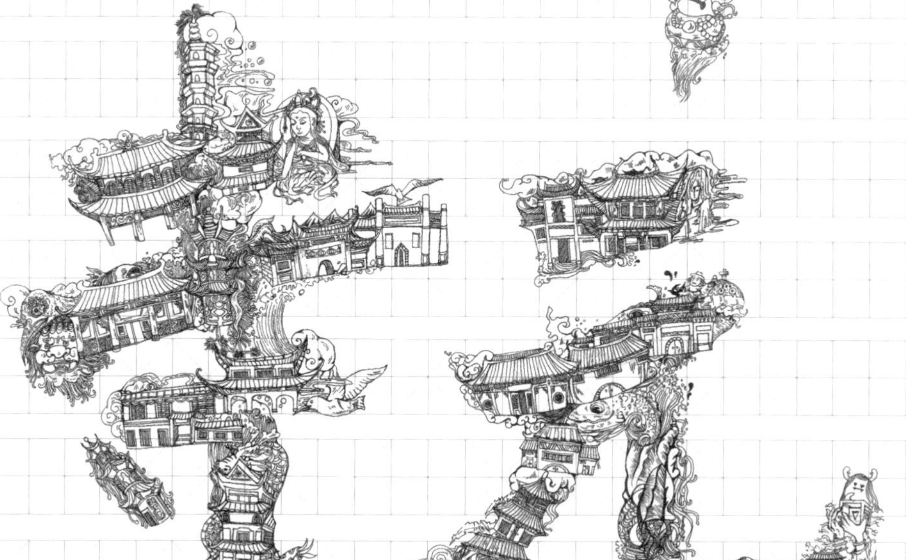

归元寺由北院、中院和南院三个各具特色的庭院组成，分别拥有藏经阁、大雄宝殿和罗汉堂等三个主体建筑群。中院主体建筑为大雄宝殿，气势宏伟，又有钟鼓楼、斋堂、念佛堂等建筑，翠微泉、翠微古池、翠微亭等景观。院内百花吐艳，松柏棕榈与山石盆景交相辉映，形成景色宜人的“翠微妙境”。北院主体建筑是藏经阁，是一座两层楼阁建筑，古朴玲珑，镂雕精巧，是武汉市唯一一座砖木结构的古建筑物，收藏有来自敦煌、云冈、龙门、麦积山、炳灵寺石窟及各地千佛洞等多种质地的佛像，宝塔、香鼎、净瓶、衣钵、锡杖、念珠、如意、铃杵、毗卢帽、袈裟等法器，以及元代的黄子久、王蒙、吴仲圭、倪云林，明清的董其昌、程正揆、王铎、石涛、禹之鼎、高其佩、郑板桥、王翚、沈南苹、何子贞等人的书画作品。

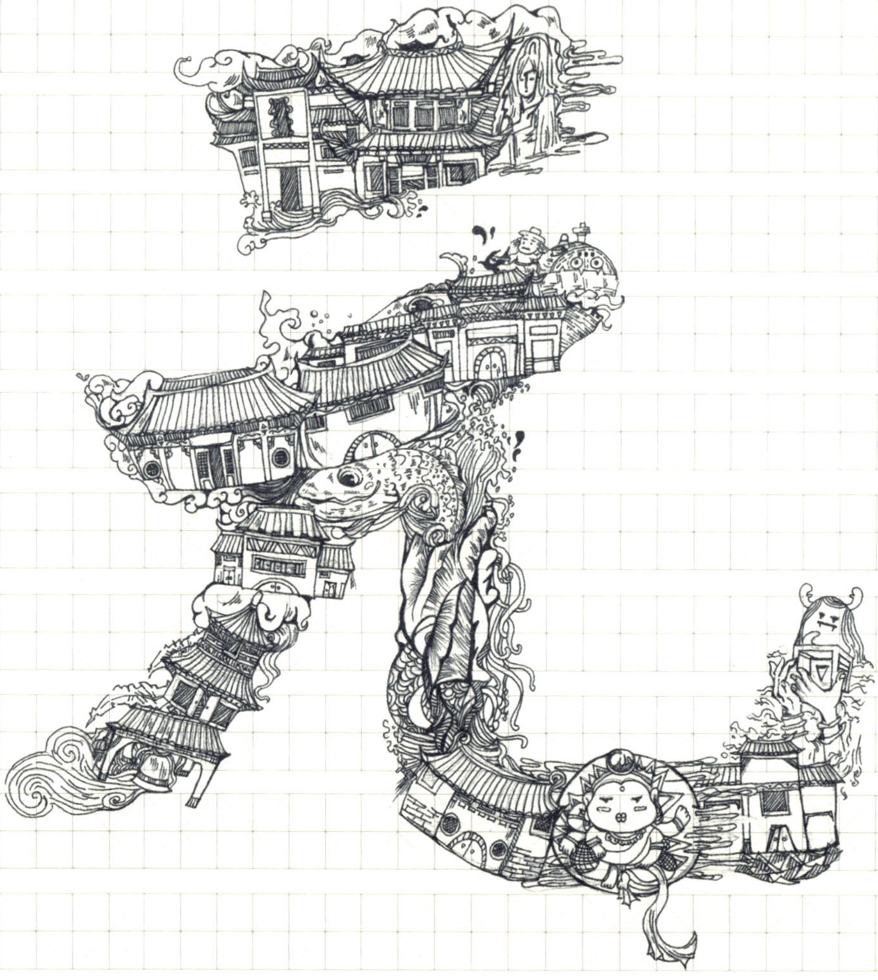

南院的主体建筑是罗汉堂。民间谚语云：“上有宝光，下有西园，北有碧云，中有归元。”归元寺五百罗汉堂是佛教五百罗汉塑像艺术的精华，也是归元寺拥有全国性知名度的重要原因。中土佛教当中的“罗汉”，有“断尽烦恼，堪受世间供养之圣者”之含义。归元寺罗汉堂始建于1852年，五百罗汉像由来自“湖北雕塑之乡”黄陂的王氏父子用九年时间完成。罗汉像以南岳衡山祝圣寺的五百罗汉石刻拓本为依据进行加工提炼，采用“脱胎漆塑”工艺，先用泥胎塑成模型，然后用葛布生漆逐层粘贴套塑，最后饰以金粉而成。五百罗汉形象生动、千姿百态、惟妙惟肖，且抗潮湿，防虫蛀，经久不变，一百多年间几受水灾侵袭，仍完好无损。“数罗汉”是游罗汉堂的经典节目。传说从任一尊罗汉开始，按顺序往下数，数到自己的年龄，最后一尊罗汉的身份、表情和动作，暗示着自己的命运。整个罗汉堂呈“田”字型格局，具有良好的采光和通风条件，五百罗汉排列，游人穿行其间，却无拥挤之感。

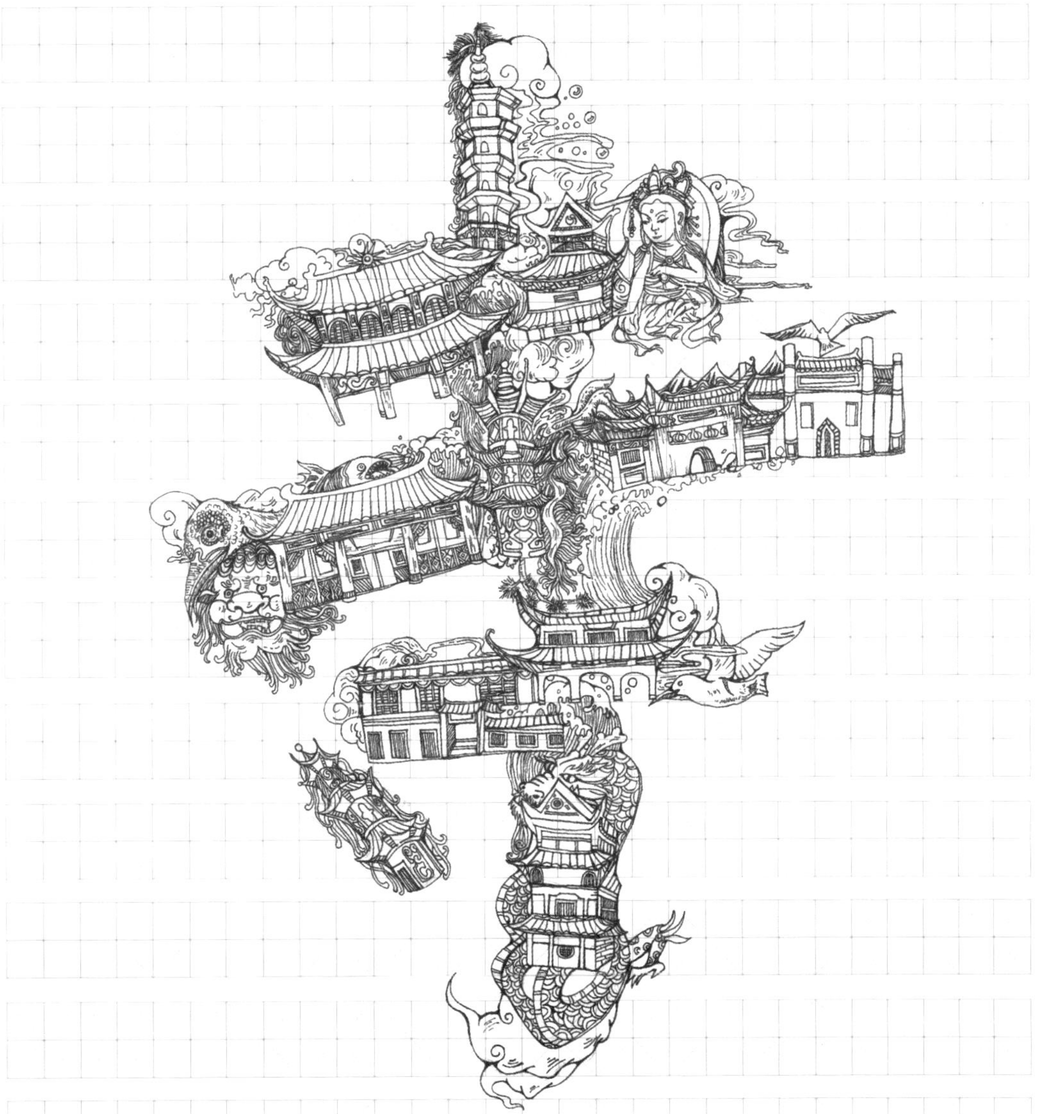

汉阳城外，有五里墩、七里庙、十里铺，里数所指都是与汉阳城墙的距离。墩、铺还好理解，但“七里庙”中的“庙”，应当作何解释？这庙，倒是跟归元寺没什么关系，原指一座水神庙。传说汉阳墨水湖边曾有水神庙，是人们祈风求雨之地。湖边住一渔女，因貌美而被恶霸地主抢去，与她青梅竹马的书生前去理论，却得知渔女已投湖自尽，自己则被恶霸打个半死。绝望之下，秀才来到湖边，想一死了之，忽然水神现身，劝阻秀才，并告诉秀才，渔女的灵魂在湖底受苦，要救渔女，秀才需考上状元，造福一方，之后十步一叩，来他庙前！三年后，秀才真的中了状元，为官造福一方后，便十步一叩地来到水神庙，渔女的灵魂从此得到解脱。之后，状元把水神庙移于湖中岛上，并在此出家，改名仙岛庙。传闻夜里经常可以在湖边听到一男一女私语。后来有一段时间仙岛庙做过月老庙，因离城七里，为方便记路，慢慢就叫成了“七里庙”。后因湖中之岛出入不便，此庙便被荒废了。

Qingchuan Pavilion 晴川阁

晴川阁，又名晴川楼，屹立于长江北岸、龟山东麓的禹功矶上，北临汉水，东濒长江，与黄鹤楼夹江相望，互为衬托，蔚为壮观，有“三楚胜境”之誉。名冠四方的楼阁隔岸相对，在万里长江上唯此一处。晴川阁始建于明代嘉靖二十六年至二十八年（1547—1549 年），为汉阳知府范之箴在修葺禹稷行宫（原为禹王庙）时所增建，以勒记大禹治水之功德。晴川阁得名于唐朝诗人崔颢“晴川历历汉阳树，芳草萋萋鹦鹉洲”诗句。除晴川阁外，还有禹稷行宫、铁门关等两处主体建筑，禹碑亭、朝宗亭、楚波亭、“荆楚雄风”碑、敦本堂碑以及牌楼、临江驳岸、曲径回廊等十几处附属建筑，基本涵盖了古汉阳城的历史建筑大体风貌。

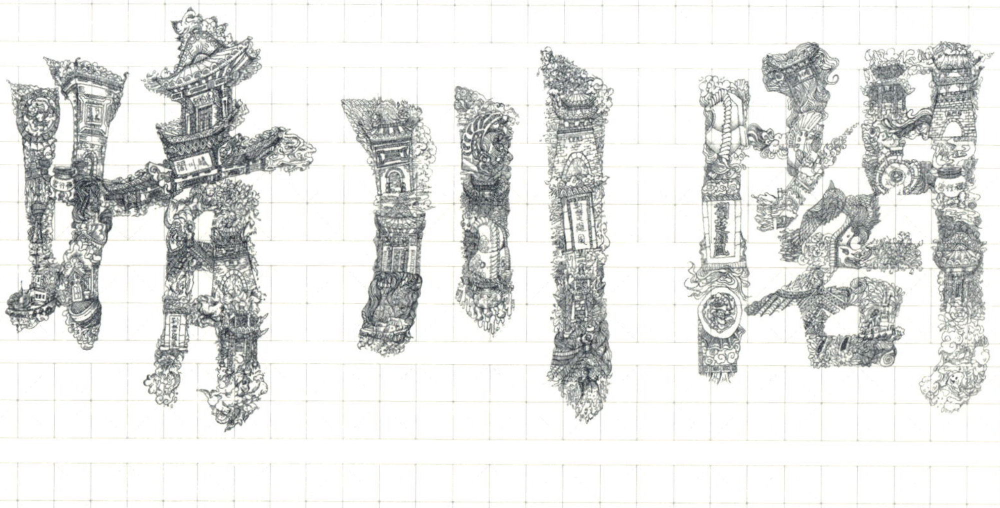

晴川阁曾多次被毁。1911 年，辛亥革命爆发，龟山屡遭重炮轰击，晴川阁受损严重，虽未全毁，但已呈摇摇欲坠之势。到了 1935 年，一场大风直接吹塌了晴川阁……现在的晴川阁按清光绪年间式样于 1985 年重建，以南方建筑风格为主，融合南北建筑风格之长，使楼阁的雄奇、行宫的古朴、园林的秀美浑然一体。总体以木石构件为主，门窗上采用了玻璃及少量金属部件。又请民间的木雕匠师以传统技艺进行彩绘雕饰，原汁原味地再现了楚人依山就势筑台，台上建楼阁的雄奇风貌，富有浓郁的楚文化气息。两层飞檐，四角铜铃，临风作响；大脊两端龙形饰件，凌空卷曲，神采飞动；素洁粉墙，灰色筒瓦；两层回廊，圆柱朱漆；斗拱梁架，通体彩绘；对联匾额，字字贴金。其北侧为“园中园”，园中青草如茵，竹木葱茏，瘦石嶙峋，幽静雅致。在此凭栏远眺，浩浩长江，一览无余。

禹稷行宫位于晴川阁西南侧，原名禹王庙，始建于南宋绍兴年间，是武汉历代祭祀水神之处。明天启年间改名“禹稷行宫”，在原祭祀大禹的基础上，加祀后稷、伯益、八元、八恺等先贤。禹稷行宫曾数遭毁坏。1935年晴川阁被风吹倒，禹稷行宫幸存，是武汉地区现存不多的具有代表性的清代木构建筑。禹稷行宫由大殿、前殿、左右廊庑、天井等构成院落式建筑，为硬山式砖木结构，带墀头布瓦屋顶，屋脊微呈凹形曲线，中轴线两侧卷棚吊顶廊庑与宫室连通，形成长方形天井。其西侧有一个院落，院外建有一座六角攒尖顶禹碑亭，亭内立有清乾隆年间所刻禹碑残片及摹刻的毛会建禹碑石刻。晴川阁中还有纪念大禹治水的楚波亭，寓意大禹治水使“江汉朝宗于海”的朝宗亭，以及赞扬荆楚民众与洪灾顽强抗争的“荆楚雄风”碑。

晴川阁旁，有铁门关，据《大明一统志》载：“铁门关，左倚大别山，右控禹功矶，吴魏相争，设关于此。”从三国时期到唐初的数百年间，铁门关一直是武汉重要的军事要塞，历经多次攻守激战。至唐代，全国统一，政治稳定，政府又在汉阳建筑砖城，铁门关的军事作用日渐削弱。后来，铁门关一带的洗马长街因背靠江边港埠，街面上车水马龙，商贸往来日渐繁盛。1570 年，一场大火将这座坚固雄峻的关隘烧毁，只留下铁门关的地名。1864 年，铁门关重修。再修成纯然的军事堡垒似乎已经没有必要，于是干脆将财神爷请到了城楼上——修筑了一座关帝庙。后来，张之洞为了给汉阳铁厂腾地方，在 1891 年拆除了铁门关，用城墙的砖石填了东月湖，铁门关又一次消失在人们的视野当中。直到新中国成立，汉阳古建筑陆续恢复，铁门关才再次得到重建，与晴川阁、古琴台、月湖、汉阳铁厂等景观建筑一起，共同构造了汉阳厚重悠久的历史文化图景。

Parrot Cay 鹦鹉洲

“晴川历历汉阳树，芳草萋萋鹦鹉洲。”一个地方因一句诗而隽永起来。中国江心洲当中，最出名者当属鹦鹉洲。可惜当年的鹦鹉洲早已不存。据《水经注》记载，古鹦鹉洲大概位于今蛇山以南，鲇鱼口以北。洲由南至北长约四公里，相传因东汉末年狂士祢衡的《鹦鹉赋》而得名。自唐以后，“洲前万户人家”“列肆如栉”，是商贸繁荣之地。明末，水势见涨，水量增大，水流湍急，冲刷之下，至雍正初年，洲已完全沉没于江底。如今的长江上还有一沙洲，是乾隆年间新淤出来的，因水深适宜，滩地宽阔，逐渐成为两湖竹木集散地。

汉末三国时，刘表将名士祢衡引荐给江夏太守黄祖，祢衡同黄祖的儿子黄射关系要好。某日，黄射邀祢衡等一批士绅名流，去一个荒芜的江心洲上打猎宴饮。宴席上，有人送了一只红嘴鹦鹉给黄射，黄射非常高兴，要祢衡当场写一篇咏鹦鹉的文章。祢衡身处乱世，才智不得施展，心存不满。他见了鹦鹉，触动心事，借物抒怀，一会儿就作成一篇《鹦鹉赋》，说鹦鹉本为神鸟，可惜无人赏识，只被当成笼中玩物。这赋后来被黄祖看见了，黄祖觉得祢衡是埋怨自己识人不明，一怒之下将他杀了。祢衡死后被葬在那江心洲上，那只鹦鹉飞到墓前，彻夜哀鸣，不久也死去了。于是江心洲便被命名为鹦鹉洲。

古鹦鹉洲早已被流水带走，在其不远处，有一处新生的狭长沙洲，名为白沙洲。历史上的白沙洲是著名的竹木集散地和商贸码头，有人认为也是武汉码头文化的发源地之一。白沙洲位于武昌东南角，属于地理学所说的“上风区”，自然环境优越，又适宜居住，从湖南运来的竹、木排多在此集散成交。因势利导，白沙洲也成为当年武昌造船的主要基地。白沙洲一带商舟辏泊、百货云集、商业繁荣，码头帮派之间的争斗、商贾巨富的传奇随历史的风飘然而去，却留下了阮家巷、沈阳墩一带多处百年建筑，其中组合式帮会馆、宝塔式建筑物尤其有特色。根据当地老人回忆，此地当年常有民间艺人聚会说书，舞龙灯，耍狮子，扭秧歌，跳钹钗、蚌壳精、莲湘，划彩船，踩高跷……

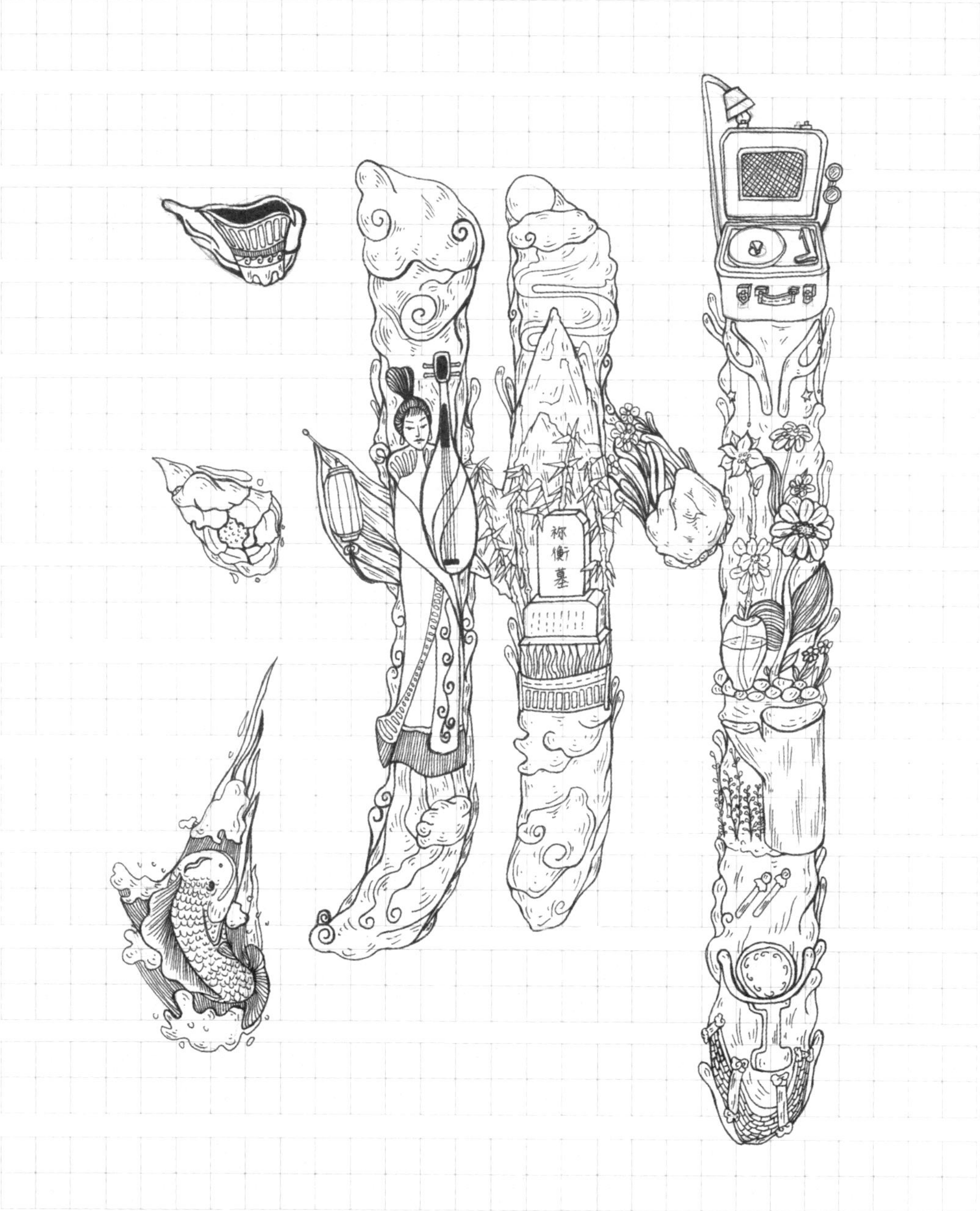

“玄都观里桃千树，尽是刘郎去后栽。”崔颢当年所见汉阳树，大抵都化作了历史的尘埃。树是最能见证时间的，至今汉阳说得上古老的，可能就是凤凰巷里那棵五百四十年的古银杏树了。当年那些“前辈”早已隐没，只剩下它，还依然故我地巍然挺立、绽放绿意，不知它是否会感到寂寞？好在偶有喜鹊松鼠在它身上出没，想必它也能感到丝丝趣味。每当秋日降临，它还会回馈似地洒下一地金黄。那凤凰山旁凤凰巷，如今也因为它的缘故，改名叫汉阳树巷了。

洪山区因境内有洪山而得名。洪山古名东山，又名黄鹄山。南宋时，抗金名将孟珙将随州大洪山的幽济禅寺迁移到此，改黄鹄山为洪山，幽济禅寺几经变迁，成了今天的宝通寺。寺是依山建筑的，门内有一个大院落，院中有放龟池，通以小桥，过桥有殿，殿后又有一院落，拾级而上，才是大雄宝殿。整个禅寺历经千年，显得幽静古朴。

洪山最出名的洪山菜薹，也与宝通寺有关。相传只有听得见宝通寺钟声的地方特定土壤里长出来的菜薹才是正宗。当年进贡的红菜薹被封为“金殿玉菜”，与武昌鱼齐名。清末王景彝《琳斋诗稿》有咏菜薹诗一首：“甘说周原荠，辛传蜀国椒。不图江介产，又有菜薹标。紫干经霜脆，黄花带雪娇。晚菘珍黑白，同是楚中翘。”

Hong Shan 洪山

Optics Valley 光谷

秉承雄厚的重工业基础，全国三大科教中心之一的积淀，在武汉建立一个高新技术开发区，似乎就成了顺理成章的事情。光谷，也即武汉东湖新技术产业开发区，由此应运而生。智者乐水，光谷地处东湖、南湖、汤逊湖、牛山湖四湖之间，水里流动着的，好像都是浓郁的知识的气息。珞珈山、南望山、伏虎山、喻家山、马鞍山、九峰山环绕其间，再加上外围的武汉东湖风景区、南湖风景区、马鞍山森林公园、九峰森林公园、汤逊湖旅游度假区，武汉人将最美好的风光，都给了武汉最聪明的大脑。除此之外，武汉人也不打算在商业上吝啬，短短几年，就在附近修好了光谷广场，修建了一条当时世界上最长的商业步行街，光谷由此风华万千。

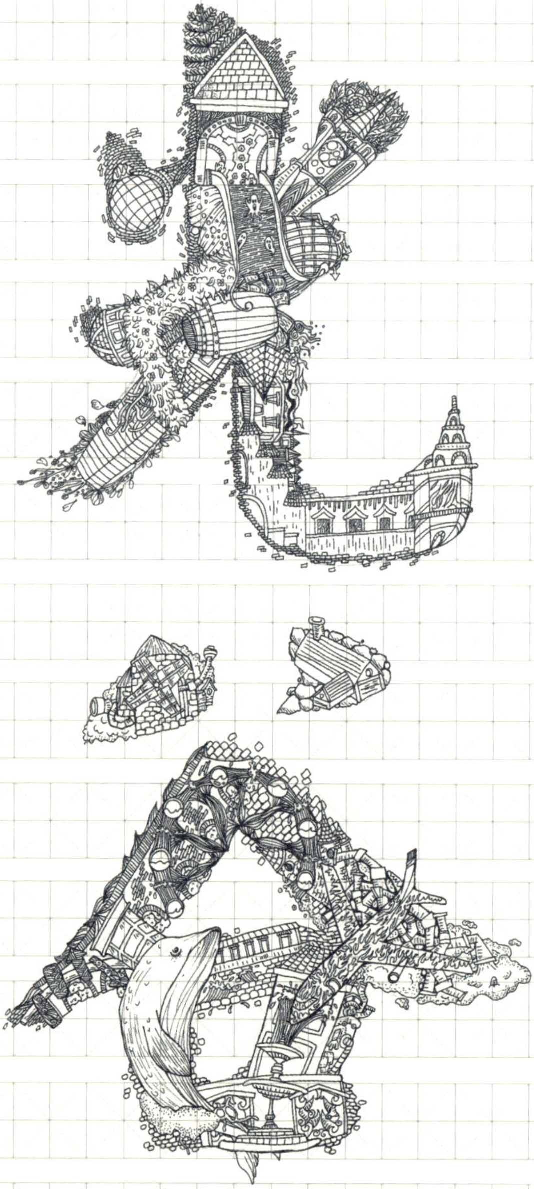

20世纪80年代，世界新技术革命浪潮汹涌，武汉东湖新技术产业开发区应运而生。周边高等院校林立，有武汉大学、华中科技大学、中南财经政法大学、华中农业大学、武汉理工大学、武汉科技大学、中国地质大学（武汉）、华中师范大学、中南民族大学等58所高等院校，100余万名在校大学生；科研机构众多，有中科院武汉分院、武汉邮电科学研究院等71个国家级科研院所，10个国家重点开放实验室，7个国家工程研究中心，700多个技术开发机构，52名两院院士，25万多名各类专业技术人员；年获科技成果1500余项，是中国智力最密集的地区之一，科教实力居全国第三。它们令光谷真正成为武汉的智慧中心。区内以光电子信息产业、生物医药产业、节能环保产业、高端装备制造业、现代服务业为龙头，在世界范围内，都占有一席之地。

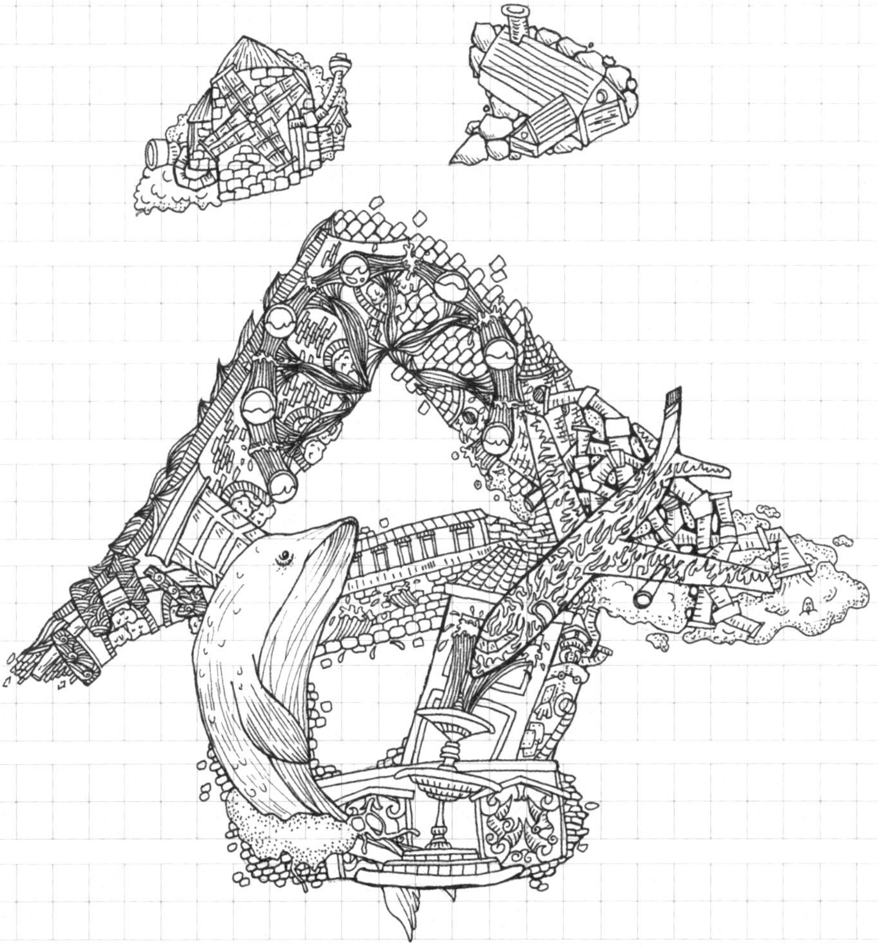

武汉的步行街为数不少，新生的光谷步行街能够一跃而起，成为新的城市地标，实在是跟它的众多特色有密不可分的关系。它是中国第一条大型体验式世界风情步行街，整条街由现代风情街、西班牙风情街、意大利风情街、德国风情街特色鲜明的建筑群落组成，建筑设计广纳各国建筑精华，给人以丰富的游览体验。走在步行街上，仿佛徜徉于世界各国的建筑长河之中：从凯旋门开始，穿过奥斯曼大街，流连莱茵广场，品味杜塞尔多夫酒吧街区，在罗马凯撒广场小憩，漫步多莫大教堂、米兰春天广场、毕加索广场，走过加州海岸，在棕榈泉广场的喷泉边凝思。一切都是那么美好，又是那么真实，就像武汉一样，有着一种接地气的繁华。既然是“光谷”，步行街上自然充满了“光”这一特色概念，夜间整条街的灯光，仿佛一条发光的银河，在空中幻化出美妙的奇观。鲁巷广场上，17 座与湖北有关的科学家雕塑，生动写实，精巧传神，为商业化的广场平添了几分博大的科学人文气息。

Happy Valley 欢乐谷

欢乐谷坐落于东湖之滨，是武汉市内一座复合型、生态型和创新型的大型文化公园。它既有合理的布局，又极为注重与环境的融合，不仅与东湖的自然秉赋相互配合，还与武汉的人文气质一脉相承，是武汉全新的、充满活力的旅游名片。欢乐谷内，拥有亚洲首座双龙木质过山车，国内最大的人工沙滩、最大的室内家庭数字娱乐中心，武汉最大的专业剧场等50多项游乐设施。如果说中山公园象征着安宁的幸福，那么欢乐谷所代表的，无疑是年轻的欢乐。欢乐谷的宗旨也是为城市带来欢乐，向现代都市人提供愉悦身心的多元化休闲方式和娱乐产品。武汉欢乐谷更以荆楚文化为特色，充满着人文气质；以水为中心进行项目打造，再现了武汉水乡风情。

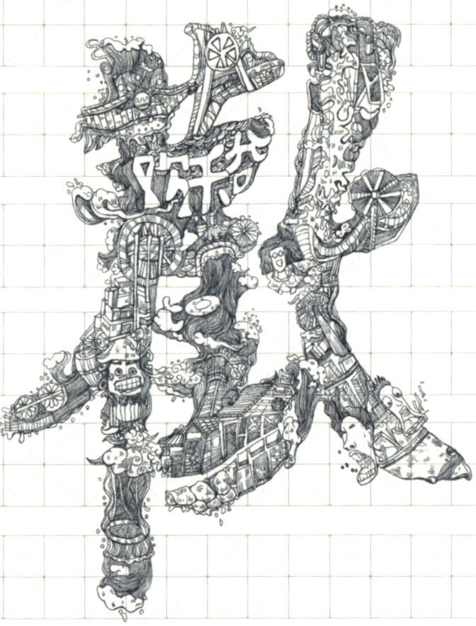

欢乐谷园区主要由八大主题区域组成，设置了100多项娱乐体验项目，包括30多项游乐体验设备、40多处生态人文景观、10多台文化演艺精品和20多项主题娱乐游戏，精彩诠释着多元的欢乐。如同水晶宫殿一般瑰丽璀璨的梦想大道，密林深处色彩缤纷的卡通工厂蚂蚁王国，繁盛喧闹、具有异国风情的欢乐时光小镇，追风狂飙的极速世界，人与自然和谐相处、鸟儿们歌唱、精灵们起舞的羽落天堂，夕阳西下时归帆的倒影和袅袅的炊烟掩映着的渔光岛，可以与水来一次时而狂暴、时而温柔的亲密接触的飓风湾，再现码头时代繁华热闹的欢乐江城，这些有着不同趣味的主题游乐区，让来自五湖四海的人们尽情欢乐，流连忘返，仿佛回到无忧无虑的孩提时代。

除了游乐设施之外，欢乐谷在不同的节日和月份，还会组织丰富多彩的活动。四五月国际时尚文化节，让动漫、街舞、极限运动、涂鸦、Cosplay、杂技等一系列洋溢青春活力的活动轮番上演。暑期的狂欢节，以音乐、烟花、美酒、劲舞、原汁原味的桑巴热舞带领游客一同体验激情热辣的南美狂欢。十一黄金周期间的国际魔术节汇聚世界顶尖魔术大师，经典大型道具魔术、惊险刺激的逃脱魔术、神秘梦幻的心理幻术……精彩演绎，魅力非凡。万圣节期间的欢乐节，惊险主题鬼屋，破胆主题区域，诡异魅惑表演，百只潜伏厉鬼，搞怪、惊悚、刺激……让年轻人的大心脏，也会忍不住扑通扑通起来。12 月份的流行音乐节，广邀国内外流行明星及乐队驻场表演，萨克斯、小提琴、摇滚、爵士、Hip-hop 全面登场，让游人在音乐和欢乐当中开启新的一年。新年期间的新春欢乐节，国际顶尖的幽默、滑稽大师粉墨登场，足足可以让你开怀一年。

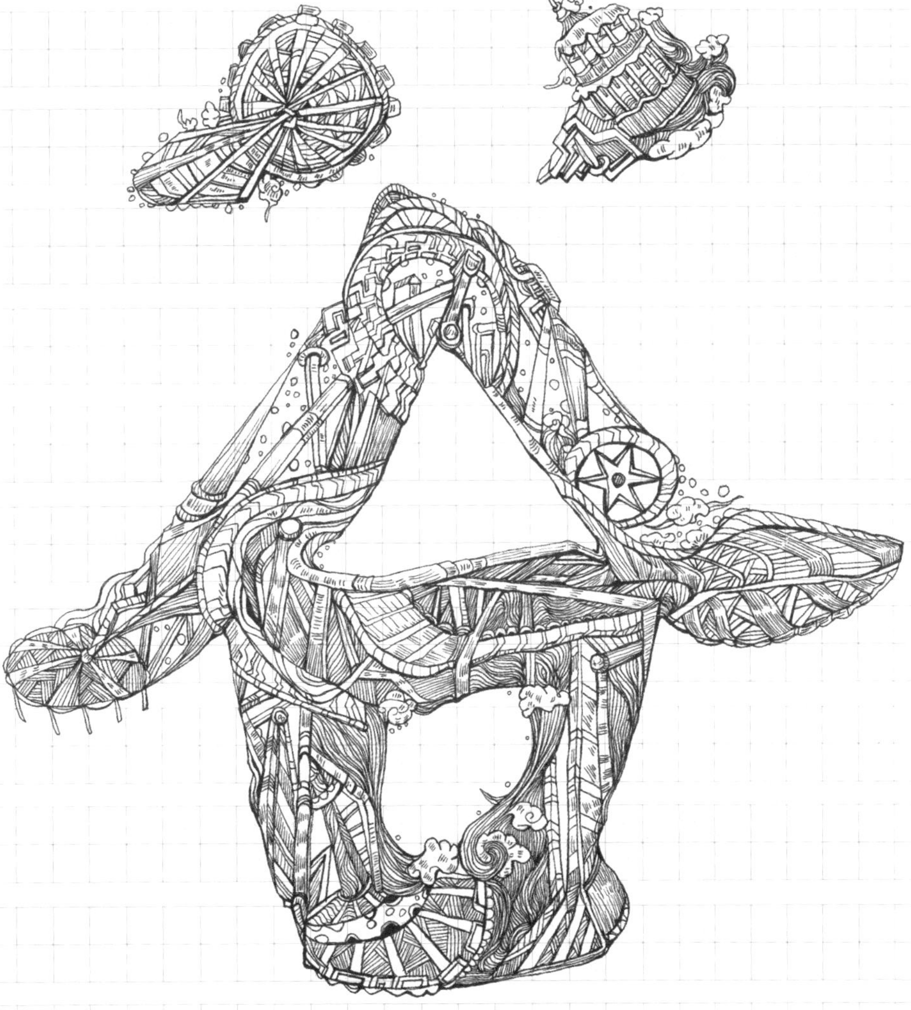

如果只有游乐设施，那么欢乐谷跟别的游乐场有何区别？武汉欢乐谷当然不止这么一点看点。旨在建设成为华中地区最具影响力的当代艺术场所的当代艺术中心，就位于欢乐谷开放式生态艺术公园；大型文化主题剧场，致力于弘扬中国杂技文化，将武汉原有的杂技传统发扬光大；在我国首开先河的大型生态博物馆，展现了千湖之省的湿地生态文化。此外还有玛雅海滩水公园和免费滨水公园，以及一个休闲绿带，共同将欢乐谷构建为一座多元化的娱乐休闲小城。

Botanical Garden 植物园

植物园全称中国科学院武汉植物园，地处东湖之滨、磨山南麓，是集科学研究、物种保存和科普教育于一体的综合性科研机构，是我国三大核心科学植物园之一。武汉植物园面向区域经济发展和国家重大需求，重点围绕植物保育遗传学与遗传资源的可持续利用、水生植物生物学与内陆水环境健康、流域生态学与大型水利工程生态安全等学科领域开展基础性、战略性和前瞻性研究；重点收集保育亚热带和温带战略植物；利用资源与人才优势，围绕植物与人居环境、生物安全、水与人类健康三个主题开展特色鲜明的科普教育。

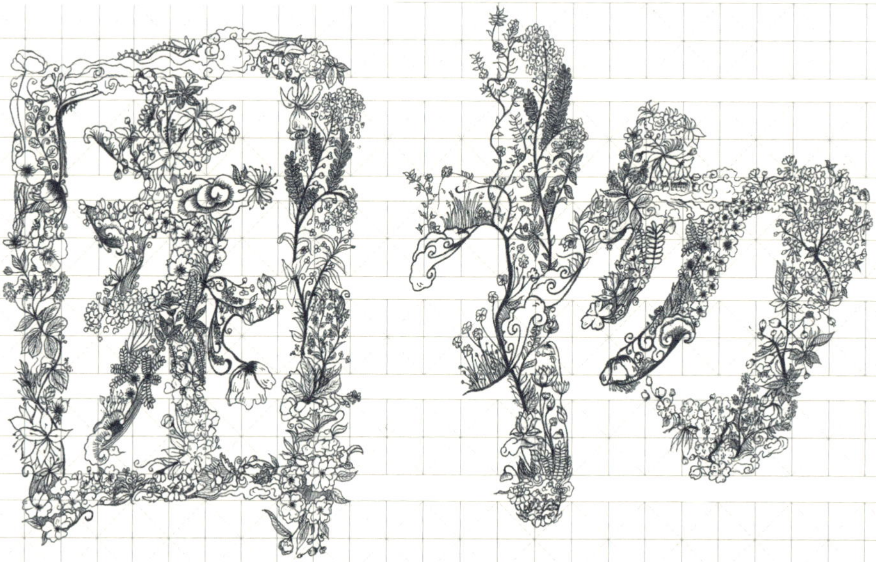

猕猴桃现在多被称为奇异果，英文名为 kiwifruit，仿佛是舶来品，实际上却是 1904 年由一位新西兰女教师从湖北宜昌带到新西兰的。猕猴桃的老家就在湖北。武汉植物园当中，有着世界上涵盖遗传资源最广的猕猴桃专类园，收集保存了猕猴桃属植物 51 种。作为千湖之省、江城武汉的植物园，武汉植物园也拥有着世界最大的水生植物资源圃，布置着不同生态型水生植物 110 种。此外，武汉植物园还有华中地区最大的野生林特果遗传资源专类园、华中古老孑遗和特有珍稀植物资源专类园、华中药用植物专类园等 16 个特色专类园。观赏者置身其间，除了可以一探植物世界的奥妙，还能从各类精心设计的庭院、布景中，感受到人与自然和谐相处的美好。

说起武汉植物园，就不能不说其花展。植物园里每个月都有鲜花盛开，无论何时前来游玩，都不会扫兴而归。三月份的郁金香花展最为火爆，每到三月中旬，郁金香、水仙花、风信子、贝母等球根花卉，将大地装扮得五光十色、参差多态，成为最让人沉醉的风景。60多万株郁金香组成的彩色画卷铺满视野，微风吹过，如生动的彩色波浪起伏，看花人的心也为之荡漾。还有从一月到五月都会大开的茶花，四季常青，戴雪而荣，具松柏之骨，携桃李之姿，花大色艳，敦厚富丽，把植物园装点得春意盎然。另有别具风情的热带兰花，其花朵硕大绚丽，花形奇特多姿，丝毫不输给其他花朵。

武汉植物园里还流传着“孙文莲”的故事。孙中山先生早年为了推翻清朝统治，在日本从事革命活动，其间得到了日本友人田中隆的帮助。1918 年，他向田中隆赠送了 4 颗莲籽作为谢礼。田中隆及家人一直珍藏着这份礼物，1930 年，“古莲博士”大贺一郎将这四颗莲籽培育开花，取名为“孙文莲”。六七十年代，这些莲花品种在中国失传。1979 年，全国人大常委会副委员长邓颖超访问日本，大贺一郎的学生阪本祐二委托唐招提寺的住持森本孝顺长老将“孙文莲”等一批珍贵的莲花送给邓颖超，请她转交给中科院武汉植物园。于是，“孙文莲”等珍稀莲花再次回到中国，并繁衍下来。

Zhuodao Spring 卓刀泉

《三国演义》里，关羽的青龙偃月刀重 82 斤，倒在刀下的名将数不胜数，说来，这刀还有些别的用处。传说关云长曾驻军于武昌城东十五里处，当时正值旱灾，四周皆无水源，大军疲惫干渴。情急之下，他猛然将那青龙偃月刀立在地上，没想到立刀处顿时涌出甘泉，帮大军渡过了难关。宋朝时，民间和官府因追慕关羽的忠义，遂在泉边建庙，为关羽供奉香火。凡有中国人的地方皆有关帝庙，但是能有卓刀涌泉故事的，全世界范围内只有这一处。这里因此成为武昌一处胜景。

卓刀泉寺历经沧桑，屡废屡兴，也一度被人们淡忘。近几年在 1916 年原址上重修和建设，才慢慢重新回到了人们的视野当中。泉井经过整修，恢复了清澈，四时不减；井栏上“卓刀泉”三字清晰醒目；大殿、禅堂、客堂、桃园阁等修葺一新；山门背面墙上镶嵌着重新刊刻的《御泉寺记》《卓刀泉记》等石碑。除此之外，还有九龙岩、汉昭烈郊坛、百福照壁、憨山大师醒世歌等人文景观。寺庙后山为伏虎山，传说因关羽降伏危害一方的白虎精而得名，风景壮丽，松涛阵阵，埋葬着中共一大代表李汉俊、爱国将领郝梦龄、辛亥革命志士蔡济民等先烈的忠骨。先烈们的浩然正气，与武圣关公一脉相承，为世人所敬仰追慕。如今的卓刀泉寺，已融寺庙陵园于一体，成为人们旅游休闲的好去处。

卓刀泉寺中，有三件宝贝。第一件是中部地区最大的关公青铜神像。这座铜像位于山门后的关圣殿中，高四米，被一旁略低矮的关平、周仓护卫着，抬眼望去，威风凛凛，神情肃穆，一股浩然之气扑面而来。四周有“天地一完人，文武才情忠义胆；古今几夫子，英雄面目圣贤心”“大义秉春秋，辅汉精忠悬日月；威灵存宇宙，干霄正气壮山河”“扶汉仰侯功，一心一德，浩气直吞吴魏；伏魔崇帝号，乃神乃圣，明威尚震华夷”等楹联，评说着关公的伟绩。第二件是中原少见的男身观音像。佛教传入中国后，为了满足世俗的需要，观音从男身变作女身，时至今日，保持男身的观音像越来越少。卓刀泉寺大雄宝殿中的这一尊，仿唐代样式，虽是男身，却依旧慈眉善目，丰腴安详，是别处难得一见的。

卓刀泉寺中最重要的一件宝贝，是寺中那口卓刀泉。明朝初年，被分封到武昌的楚王朱桢曾来此游玩，饮完此泉水后，大为赞赏，不但为此泉筑井台、加石栏、建井亭，还亲手书写了“卓刀泉”三字，刻在井栏上。那口传说中的泉井至今仍在，据传其水冬温夏冽，味道甘醇，有治病强身的功效。而根据地质工作者的考察，武汉拥有丰富的大气降水，垂直渗入伏虎山的土壤和岩缝中，经过层层过滤，成为卓刀泉水的一部分，所以清澈澄净，夏季水温明显低于气温，喝起来确实清冽爽口，有消暑解乏的功效。

青山是华中地区工业重镇，素有“十里钢城”之誉。武汉钢铁（集团）公司、中国第一冶金建设公司、中国石化集团武汉石油化工厂、中冶集团武汉钢铁设计研究总院、中钢集团武汉安全环保研究院、中国华电集团青山热电厂、中国长江航运集团青山船厂等一批国家大型企事业单位雄踞于此，为大武汉添上了一颗钢铁雄心。

这铁与火的工业中心，为何会用“青山”这带点诗意的名字呢？原来青山早年还不是钢都时，也是三面环山，也有寻常巷陌，悠悠古镇。“青山”原指长江南岸的一座小山，因形似鸡头，人称鸡头山；又因山下有巨石延至江中，也有人称其为矶头山；又由于上下江岸均为黄壤、沙滩和碎石，过往船只于一片灰黄中，见此山独青，故以“青山”名之。

Qing Shan 青山

WISCO

武汉钢铁（集团）公司是新中国成立后兴建的第一个特大型钢铁联合企业，于 1955 年开始建设，1958 年 9 月 13 日建成投产，是中央和国务院国资委直管的国有重要骨干企业。本部厂区坐落在武汉市东郊、长江南岸，占地面积 21.17 平方公里。武钢拥有矿山采掘、炼焦、炼铁、炼钢、轧钢及配套公辅设施等一整套先进的钢铁生产工艺设备，是生产规模达数千万吨的大型企业集团，居世界钢铁行业前列。

武钢

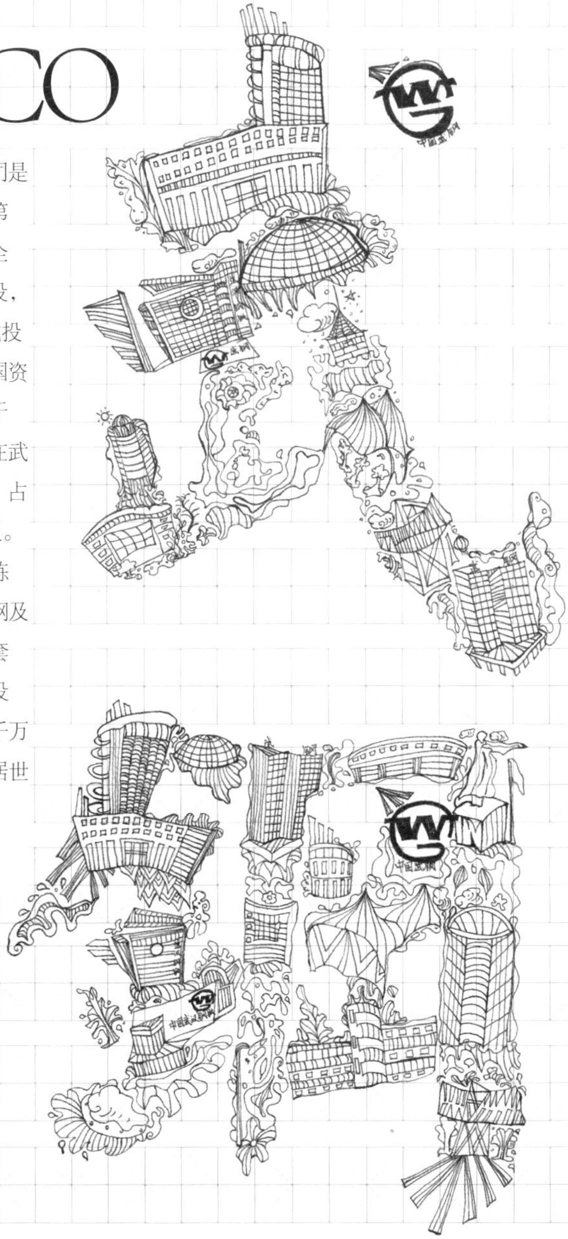

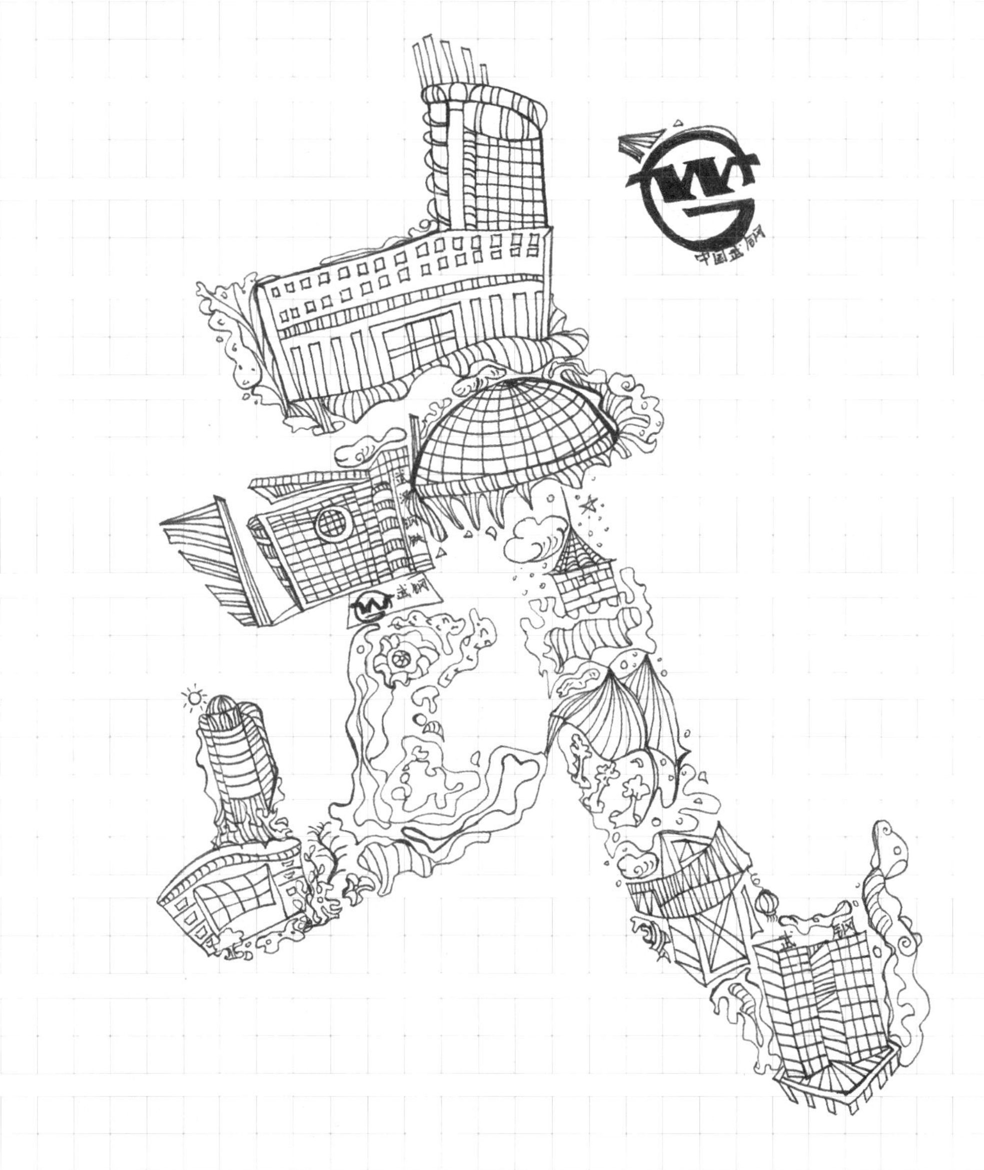

说起武汉这个共和国钢都，就不得不说张之洞主持建设的中国近代最早的官办钢铁企业——汉阳铁厂。1890 年诞生的汉阳铁厂，是当时中国第一家，也是最大的钢铁联合企业，虽然在 1938 年日军入侵武汉时，政府将汉阳铁厂整体搬迁至重庆大渡口，不能搬走的厂房也全都被炸掉，但汉阳铁厂的雄姿，仍能在晴川阁下游留存的一座专供汉阳铁厂运输矿石和钢铁的百年老码头上窥见一斑。百余年潮涨潮落，码头上历历在目的铆固件依旧散发着黝黑的光芒，无言地诉说着往昔的辉煌与沧桑。近年，有人在陕西略阳县的一座大桥上发现，辅轨中有数根钢轨上铸有凸起的数字和字母：“COCKERLL-1908-AT”“KTPE-RSW1909”“OUGREE-1906AT”“NORD-EST-04-AF-B”，经查询，竟是汉阳铁厂制造。在北京、湖南、四川等地，也不时有类似新闻出现。武汉 110 年前生产的钢铁，至今还在发挥作用。

钢铁很重要，但毕竟是工业原材料，对于大部分武汉人来说，并没有多少直观的认识。武钢对他们而言，更鲜明的记忆应当是武钢汽水。七零后、八零后的武汉伢大都有换汽水、啤酒的记忆——抱上几个空瓶子，叮叮当当拎到小卖部，放下空瓶子，付了钱，换上几瓶汽水和啤酒回来。出门前家长总要叮嘱“慢点，莫摔了”。“行吟阁”是“老头”要的，汽水则是自己跑腿的小费。武钢人也用炼钢铁的严谨认真来做汽水，日本反渗透膜设备过滤的纯净水，德国灌装生产线，香精色素都是严格采选、品质优良的，糖也都是纯白砂糖。盐汽水、果味汽水，那时的武钢，象征着甜蜜的童年。

Honggangcheng

红钢城，位于青山区中部，东以青山港为界，与工人村街毗邻；西以建设七路为界，与新沟桥街道相连；南以武九铁路为界，与新沟桥街、冶金街相接；北临长江。以前是一个荒凉的叫作蒋家墩的小渔村，随着武钢的建设与发展，武钢人将自己所居的这十里钢城，简洁而有力地命名为“红钢城”。“钢城”二字，想必不用再解释，这个“红”字，除了指刚出炉钢铁的火红之外，住过老房子的人，大约也不会陌生。早年间的苏联式民居，大都是这样热情似火的颜色。武钢20世纪50年代刚刚建好的时候，大批工人进驻，为了多快好省地解决他们的住房问题，十里钢城统一建设了一批三层红楼，当时的设计师还匠心独运，将这些小楼拼成了一个巨大的“囍”字。建国后青山的发展史，就在这大“囍”之中，兜转开了。

红钢城

红钢城的这些老屋，全是红墙、红瓦，放眼望去一片红，俗称“红房子”。每12栋“红房子”为一个组团，排列成矩形，中央是绿化带。每一栋“红房子”有三层，每一层住三户人家。几十年过去，红房子一带现如今已全是老社区，少了城市的喧嚣，少了霓虹的刺眼，多的则是细水长流的日子。房子的外墙爬满了绿油油的爬墙虎，窗户依然是曾经的木头窗框，楼梯的扶手也多是木制的。院子内，还有水池假山，种满了花花草草……这里保留了钢城的原初记忆。

从八街单身公寓，再到喜庆的红色小楼，然后沿着和平大道、武青三干道一路走去，钢花新村、钢洲花园、钢都花园……以数字命名的街区，让初来乍到的人直犯迷糊，这种工业的秩序感，仿佛一个武钢人日常生活的全貌。老钢城人虽然已是需要人搀扶才能走路了，但眼神中仍满是精干，仿佛钢炉淬炼出的火眼金睛；青春正好的年轻人脚步匆匆，朝向工作岗位，开始一天的拼搏奋斗；孩子们上学、放学、玩耍，喧腾而热闹。托老房子的福，这些原本属于上世纪七八十年代的生活场景，被留存至今。红钢城里的人，有的是五六十年代支援武钢建设的老工人，有的是八九十年代分配来的大学生，他们大都曾是异乡人，来到这座陌生的新城，挥洒着热血，贡献着一生……日复一日，仿佛一圈圈的年轮，真实而默契，让人感怀。越是激昂的事业，就越是源于平实的生活。红钢城的房子越来越老，那家长里短的故事却越积越多。

许多青山的老人也许还记得，老青山的正街原是一条青石铺满的街道，因着此处是长江中船只的避风港、日用品和农产品的集散地，也是一派繁华景象。江边长年成排停靠着落帆露桅的木船，充满了江南商镇气息。“二十二日平旦微雨，过青山矶，多碎石浅滩，晚泊白杨夹口。”南宋乾道六年（1170 年），陆游把“青山矶”写入了《入蜀记》。明代诗人王世贞 1574 年以副都御史抚治郧阳，赴任时溯江而上。船将行至武昌时，他发现江南岸有一三面环山的小镇，景色幽深，集市繁喧，遂停船上岸，盘桓三日，方才留诗离去，诗曰：“武昌在前头，逡巡不肯去。为爱青山矶，且对青山住。”放慢脚步，在临江一隅，依然可以找寻到曾经的青山。

武昌自古至今都是县、州、府、郡和省治所在。公元 223 年，吴主孙权在今蛇山东北筑土石城，取名夏口，此为武昌建城之始。明朝初年，武昌城基本定型。据《湖广图经志书》载，明代的武昌城，里巷阡陌，衙署丛集，府学、贡院、文庙等文化建筑遍布，文人学士汇聚，俨然一座政治文化中心。武昌历史遗存众多，有起义门、红楼、放鹰台、无影塔等 100 余处。辛亥革命第一枪在这里打响，毛泽东在这里创办了中央农民运动讲习所，中国共产党第五次全国代表大会在这里召开。新中国成立后，毛泽东久居东湖梅岭，是其建国后除中南海外，工作、居住时间最长的地方。武昌文化资源丰富，科研院所林立，聚集了 3000 余家文化机构和活动场所，是中国知名的智力密集区。

Wu Chang 武昌

Yangtze River Bridge 长江大桥

武汉位居中国腹地、长江中游，汉水由此汇入长江，拥有重要的地理位置优势，是“内联九省、外通海洋”的大商埠。清末京汉铁路全线通车，而粤汉铁路也在修建当中，跨越长江、汉水，连接京汉、粤汉两路的建桥构思便由此产生。最终，武汉长江大桥于1955年动工，1957年通车，全长约1670米，建成伊始即成为中国的标志性建筑。大桥位于武昌蛇山和汉阳龟山之间的长江江面上，是新中国成立后在长江上修建的第一座复线铁路、公路两用桥。桥下可通万吨巨轮。“一桥飞架南北，天堑变通途”绝非夸饰。九省通衢，直到这座桥的建成，方称得上是名副其实。大桥除本身就美不胜收之外，还连接着武汉一半的美景胜地，晴川阁、龟山电视塔、归元寺、黄鹤楼、红楼、长春观，都被这一座桥给串联了起来。

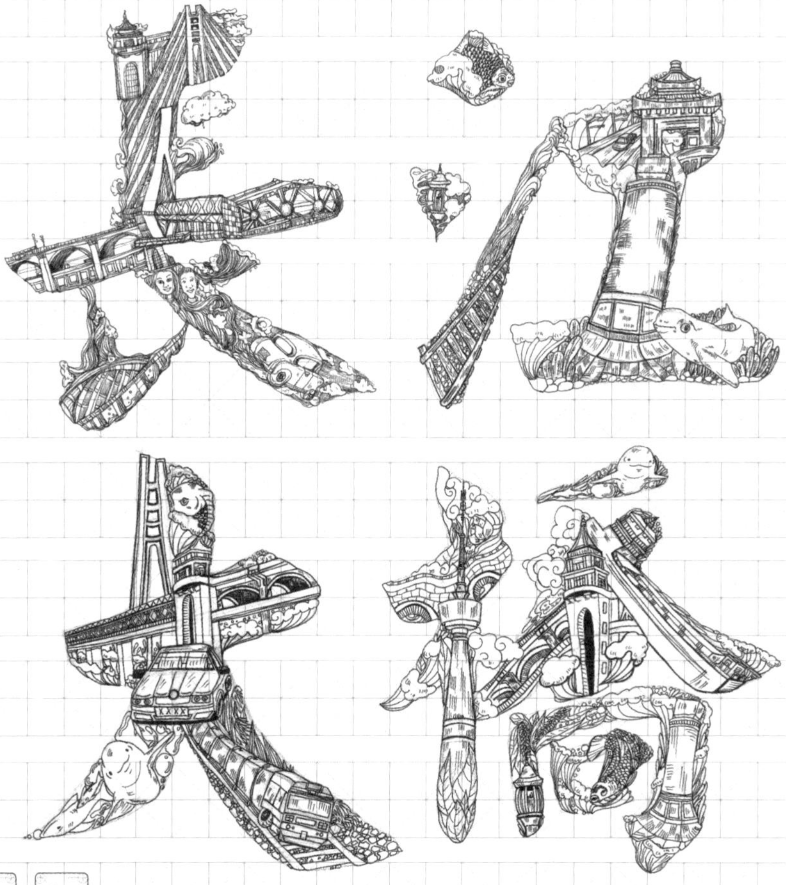

长江大桥的建造史，横跨了半个世纪。建桥之设想，早在 19 世纪末，便由张之洞提出，1912 年 5 月，中国铁路工程师詹天佑在规划武昌火车站（通湘门车站）时也预留出了京汉铁路接轨出岔的位置。1913、1919、1933、1946 年，乔治·米勒、詹天佑、孙中山、茅以升等人曾几度规划修建长江大桥，结果因为时局、经济等原因，最终都不了了之。孙中山“架设武汉大铁桥，可收平汉、粤汉、川汉三大铁路，连贯一气之完美”的美好愿景，只留下无尽的遗憾。只有 1937 年 3 月，长江南岸的粤汉铁路徐家棚站与北岸平汉铁路刘家庙站之间的铁路轮渡通航，才让江城人民第一次看到了在长江上架起一座桥的一点希望。历经半个多世纪的挫折，汇聚全国人力物力，在著名桥梁专家茅以升的主持下，在苏联人民的帮助下，长江大桥才终于走完了它漫长的诞生之路。那一天，五万武汉人来到桥上，共同见证这一伟大的时刻；那一年，许多武汉人，给自己刚出生的孩子，取名为“大桥”。

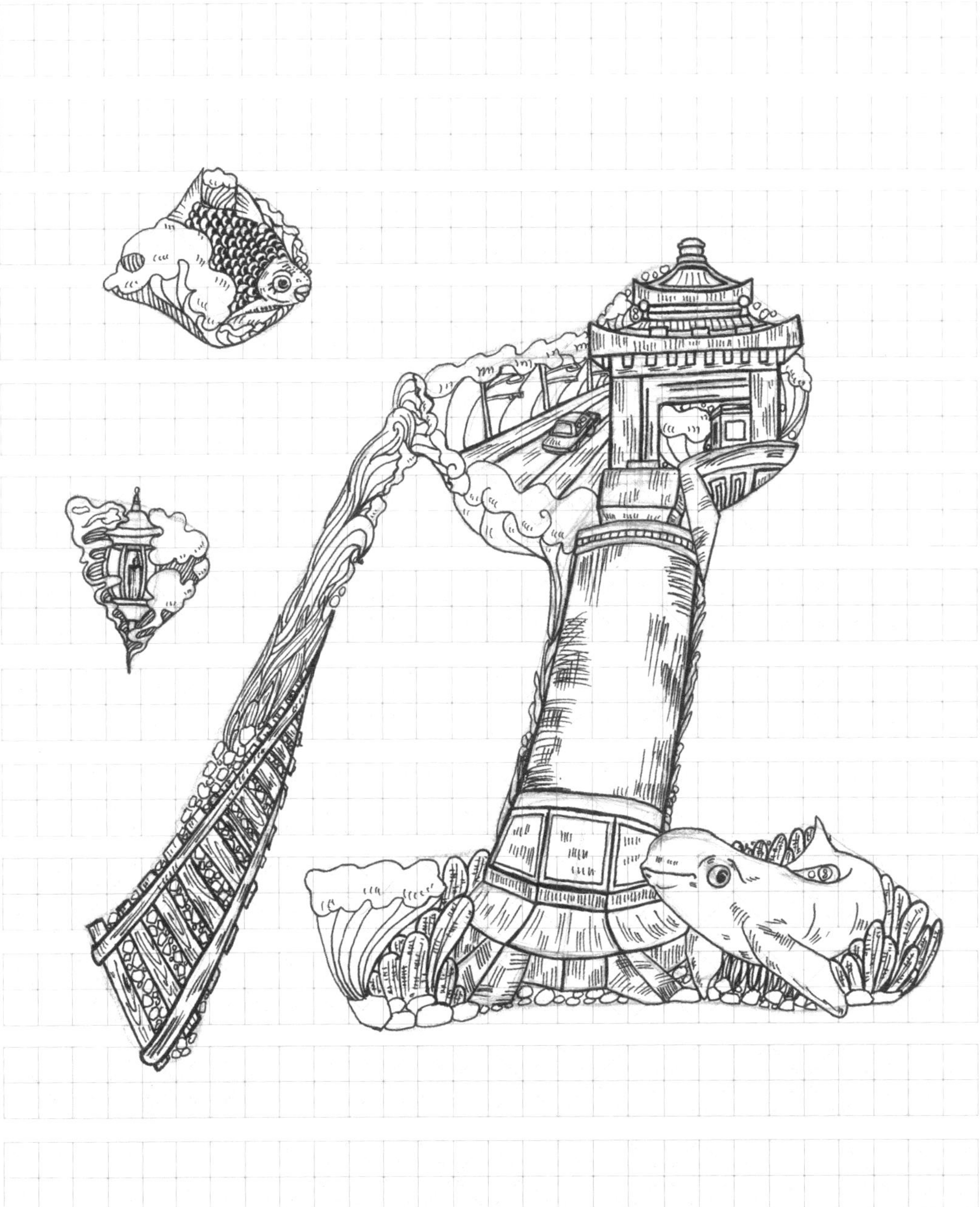

大桥通车前，火车过江要靠轮渡转运，极为不便。通车后，长江大桥将武汉三镇连为一体，极大地促进了武汉的经济社会发展。从全国宏观角度来看，大桥串起被长江分隔的京汉铁路和粤汉铁路，形成了完整的京广铁路，使得长江南北的铁路运输通畅起来，对促进中国南北经济的发展起到了至关重要的作用，也使素有“九省通衢”之称的武汉市成为全国重要的铁路枢纽。武汉长江大桥是新中国成立后在“天堑”长江上修建的第一座大桥，也是古往今来长江上的第一座大桥，建成之后，成为连接我国南北的大动脉，直接间接的经济效益难以计数，在国民经济建设中发挥了无可替代的重大作用。

每个经过长江大桥的人，想必都会对那站得笔直的守桥哨兵记忆犹新。长江大桥上共有 14 个哨位。一天 24 小时，两小时一班岗，一个哨兵一天最少要站两班岗，无论寒冬酷暑，风雨无阻。曾经甚至有一位战士因被紧急派到引桥制高点平台上站岗，没来得及换棉衣，在零下十几摄氏度的大雪中手握钢枪，挺立了 4 小时，换下来时，双腿已经迈不开步，靠战友帮忙才回到驻地。长江奔流不息，大桥巍然耸立。这些青松一般笔挺的人，和长江大桥的桥墩一样，屹立在浩荡江水之上，用无私奉献担负起了共和国的脊梁。

长江大桥上美不胜收，徒步而行，最能感受其美好。桥上有大桥纪念碑和观景平台，与大桥一并落成。碑高6米，刻有“一桥飞架南北，天堑变通途”的词句，观景平台是游人赏长江、看大桥的最佳位置之一。连接正桥与两岸引桥的桥台是八层楼式的桥头堡，第八层在公路桥桥面两侧各设一对仿古双檐小角亭，上有重檐和红珠圆顶，桥头堡内有电梯和扶梯供行人上下观景，可从底层坐电动升降梯直接上公路桥面参观，眺望四周，望大江东去，武汉三镇尽收眼底。四季景色各擅胜场。春天江风习习，看远处灯火，舒适惬意；夏季傍晚伫立桥头，极目楚天，可让心情舒畅；秋季倚斜阳，看江畔舟船唱晚；冬季飞雪纷纷，水天一色，银装素裹，分外妖娆。人行道外缘，有雕着各种飞禽走兽的齐胸栏杆：孔雀开屏、鲤鱼戏莲、喜鹊闹梅、玉兔金桂、丹凤朝阳、雄鸡报晓、鸟语花香、菊黄蟹肥、石榴结籽、猕猴摘桃、鱼跃荷香等，争奇斗艳，让人目不暇接。入夜，成串的桥灯远望如过江银龙，壮丽奇绝。武汉人，将长江大桥，塑造成了一座伟大的艺术品。

East Lake

东湖因位于武汉市区东部而得名，是国内水域面积最大的城中湖之一。一百多年前，东湖还与武昌其他湖泊相通，与长江相连，周遭水患频繁。1899 年，湖广总督张之洞下令在长江与东湖之间修建武金堤和武青堤，并在堤防上修建了武泰闸和武丰闸，东湖这才有了独立的地位。自古以来东湖就是游览胜地。楚庄王在东湖击鼓督战；屈原在东湖“泽畔行吟”；三国时期，刘备在东湖磨山设坛祭天；李白在东湖畔放鹰台题诗；毛泽东建国后先后视察东湖 44 次……目前的东湖景区由听涛、磨山、落雁、吹笛和湖北省博物馆五个片区组成，内含 12 个大小湖泊，120 多个星罗岛渚，112 公里湖岸线曲折，环湖 34 座山峰绵延起伏。武汉大学等全国重点大学坐落其间，与东湖相得益彰。

东湖

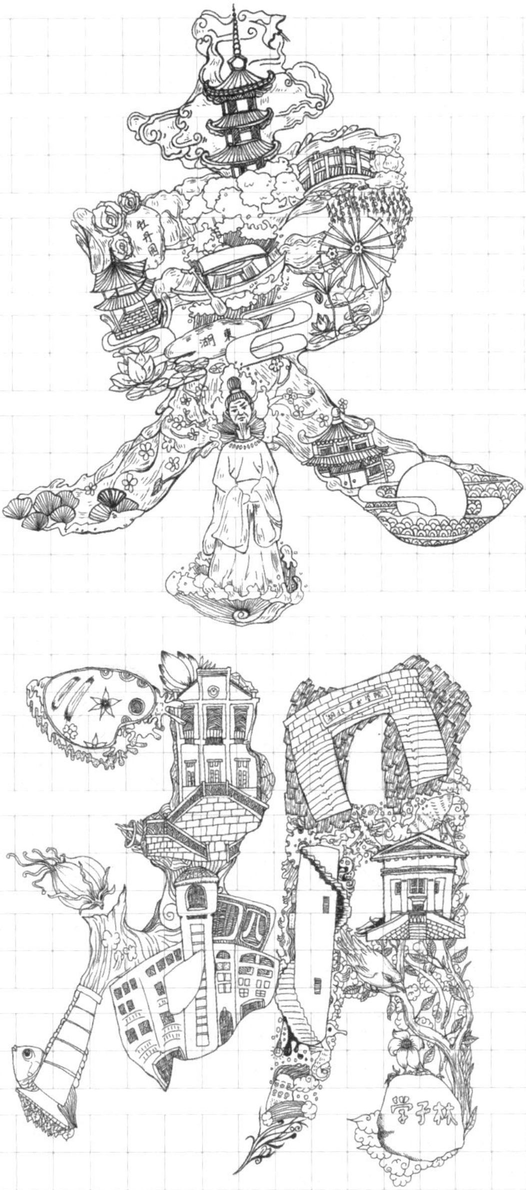

大约是名字的缘故，东湖总会被拿来与杭州西湖比较，就连朱德总司令在 1954 年游赏东湖后，也曾题诗两句：“东湖暂让西湖好，今后将比西湖强。”与西湖这一历史闻名的景点较量，也不算埋没了东湖。从规模上来说，东湖面积是西湖的六倍，造访过东湖的游客都会赞叹一句“真是大海一般的湖”。北京那些以“海”命名的城中湖，跟东湖一比，仿佛村头水塘。文化上，西湖不但有旖旎风景，更有无数动人传说。东湖尽管有九女墩、陶铸楼、屈原纪念馆、朱碑亭等历史文化遗址，还是稍逊几分风骚，但东湖旁边就是湖北省博物馆、湖北美术馆、武汉大学、华中科技大学等国内外一流的文化教育机构，随着时间的浸润，文化繁荣的东湖也应当能留下更多动人的故事。

东湖的自然景观，除了水之外，值得一提的还有湖区万余亩林木。充足的雨量与光照，使东湖观赏树种达 250 多种，共 200 余万株，素有“绿色宝库”之称。东湖有梅园、荷园、樱园等 13 个植物专类园。梅园拥有的梅花品种占全世界梅花品种的 60%，居全球第一。荷园有荷花 700 多种，占世界 80% 以上，是世界规模最大、品种最全的荷花品种资源圃。东湖樱园与日本弘前樱花园、美国华盛顿樱花园并称为世界三大赏樱胜地。东湖水生植物科数占中国水生植物科数的 40.37%，世界的 29.87%。良好的山水植被也引来了无数的鸟儿，东湖目前有珍稀鸟类 5 大类型 234 种，是鸟儿的天堂。

Hubu Lane

明朝在武昌设三司，其中布政使司就坐落在今解放路、民主路的交叉路口。喜欢“抬庄”（武汉话，给人面子，帮着喝彩捧场的意思）的武汉人，就将主管钱粮的布政使司两个库房中间的小巷，命名为“户部巷”。户部巷紧靠码头，舟车南来北往，络绎不绝，勤快的小巷人家，将寻常的稻黍稷麦豆，与来自五湖四海的干鲜调料加以巧思烹调，制作出以鲜、香、快、热为特色的汉味小吃，填饱了一代又一代路过武汉的人们的肚子。20 世纪八九十年代，中华路临江一带是武汉多条公交路线的起点站、终点站，客运轮渡在码头集中，搭乘轮渡过江上班的市民众多，户部巷逐渐成为这些上班族“过早”的地方。从此，附近乃至散居在外的老武汉人，一有机会，隔江隔水也要来此“过早”，一条长不过 150 米、宽不过 3 米的小巷，居然终年生意兴隆。

户部巷

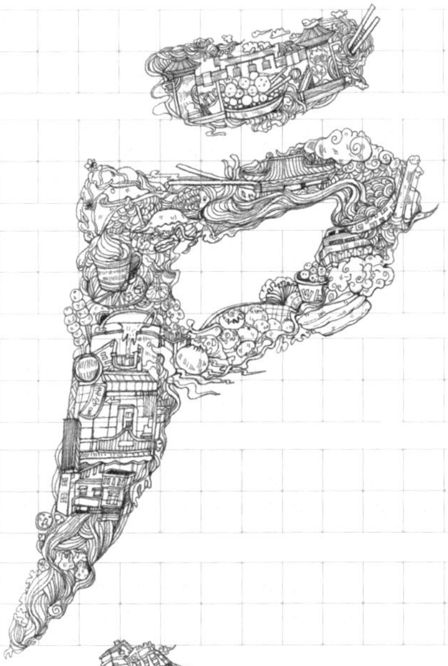

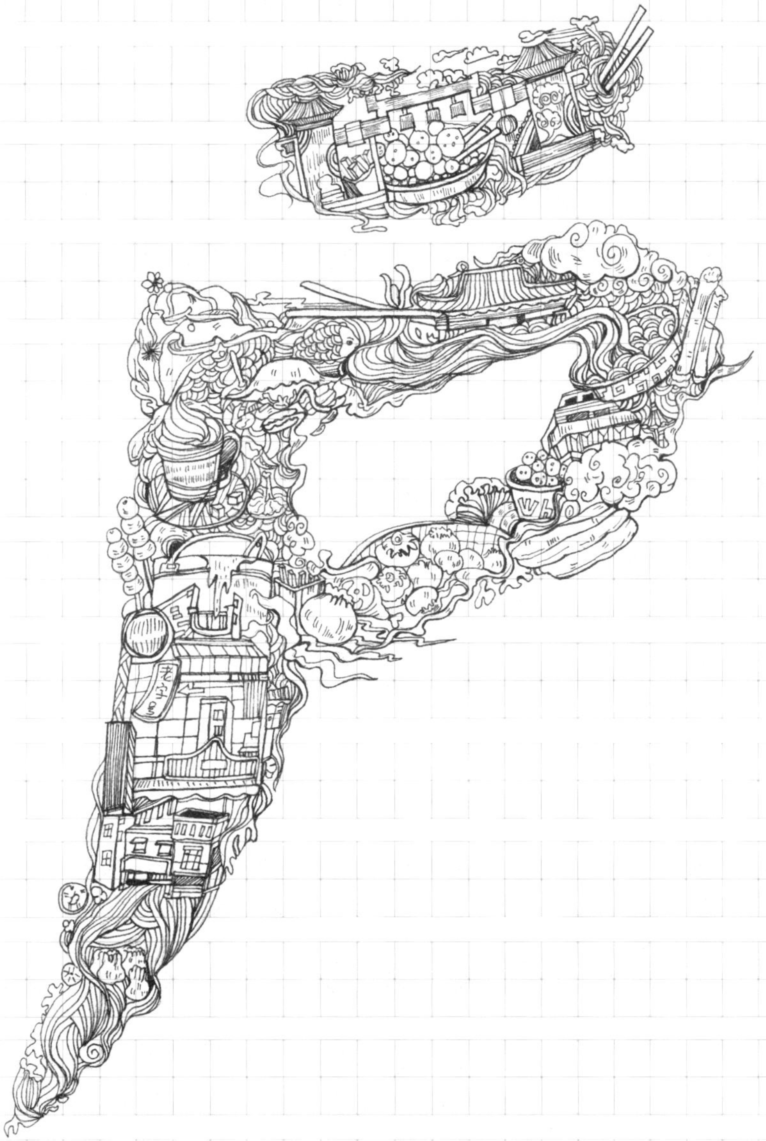

武汉是九省通衢之地，南来北往的吃食在这里汇集融合，产生了数之不尽的变化。武汉又历来是讲求效率的码头城市，精雕细琢的大菜，武汉人是耐不得烦的，于是便有了独树一帜的小吃文化。说起小吃，武汉人吃早饭，几个月不重样也是等闲，其中尤以三鲜豆皮、汤包、热干面、烧卖、豆丝、煨汤、糊汤粉、面窝、糯米鸡等若干种最为人所熟知。街头巷尾，三四种或许易得，但要一日吃遍武汉小吃精华，大概就只能来户部巷这样的小吃一条街了。户部巷毗邻黄鹤楼、蛇山、长春观、红楼等多处武汉知名景点，酒足饭饱，逛一逛这些耳熟能详的景点，再回过头去吃下一顿，不费多少钱，却能尽享武汉吃喝玩乐的精华，这也许是这座豪迈的城市特有的一种待客方式。

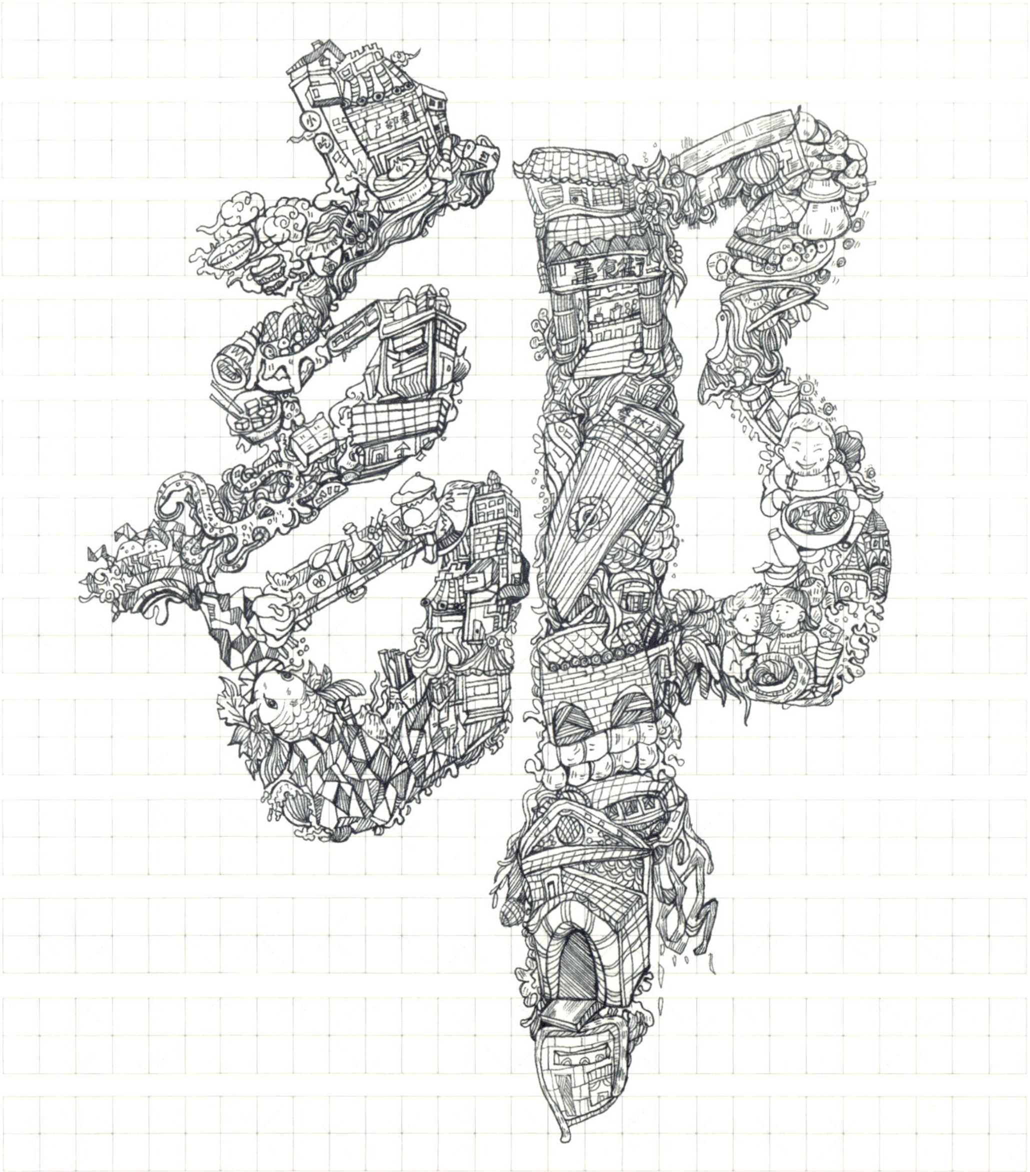

一座城市，需要老街来承载历史，同时留住市井的味道。两者是很难平衡的。历史太厚重，就只能远观；若只有鸡毛蒜皮，又显得猥琐和小气。粮道街则是一条市井中透着文气的老街。因曾是清朝时省府衙门的驻地，兼之当时武汉商贸发达，来往办事的客商官员众多，一个不经意的角落，可能就有哪位历史书上留名的人物驻足过。所以总能透出一点儿庄严与肃穆，有种隔世的恍惚感。旧日里，武汉人调笑那些乍富的朋友，偶尔会来上一句：“伙计，你富得像粮道街人咧。”白衣苍狗，风流人物都被雨打风吹去，粮道街却也留存下一缕书香。传承明勺庭书院、清江汉书院、民国私立中华大学的余脉，今时今日，这条小街上仍有大学三所，中小学八所。朗朗读书声与走街叫卖声声声入耳，家国天下和家长里短事事关心。粮道街，无疑是文气与市井气杂糅的大武汉的小缩影。

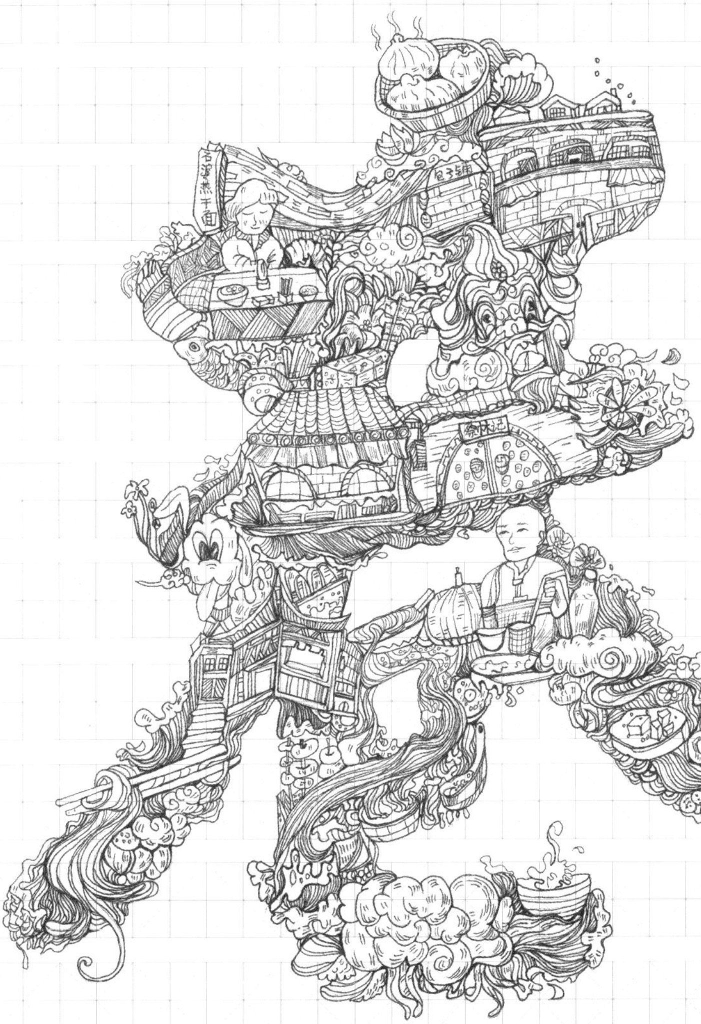

三天过早异平常，一顿狼餐饭可忘。切面豆丝干线粉，鱼余元子滚鸡汤 。——[清]叶调元《汉口竹枝词》

武汉人将吃早餐称为“过早”，“过”在古书中有“食”的意思。武汉人将早餐看得很重，也许是白天码头、商铺的活计太忙，午餐只能潦草应付，晚上精疲力竭又只能将就，唯有将早餐重视起来，才不负一天的生活。即使在二三十年前，生活尚不富裕，大部分武汉人都有在外面吃早饭的习惯。在小摊子上，叫一碗热干面、一碗清酒，有滋有味地“酝”着。或是排着队，等着就要炸好的面窝、欢喜坨，和前后左右的邻居朋友聊聊昨晚打麻将的输赢，倒也惬意。赶着去上班的年轻人，匆匆忙忙地包上一根裹着白糖的糯米包油条，等车子开得平稳了，才有空咬上一口，那油香甘甜的味道，能把挤车的烦闷都给消解掉。

Tanhualin

关于“昙华林”名字的来历，有许多种说法。一说此处人家多喜欢在花园里栽植昙花，蔚然成林，“花”与“华”在古代通用，人们就将街名称为“昙华林”。第二种说法跟第一种有点相似，《湖北诗征传略》曾载此处“子孙以种花为业”，古时种花是一坛一花，久而久之，“坛花”就变成“昙华”了。第三种说法则认为昙华林是从佛教用语衍化而来。佛教《优昙婆逻经》中，就有寺庙名为“优昙婆罗林”，“优昙婆罗林”是音译，翻译成汉语就是“昙华林”。“林”是“丛林”的简称。“丛林”是宗教的说法，意为众僧聚居一处，仿佛树木相依为林。也许“昙华林”在古代曾是一座佛教寺庙的名字，后来寺庙湮没，演变成了地名。昙华林的位置曾有过改变，原指戈甲营出口以东地段。1946 年，政府将戈甲营出口以西的正卫街、游家巷与戈甲营出口以东的昙华林合并，统称为昙华林，并沿袭至今。

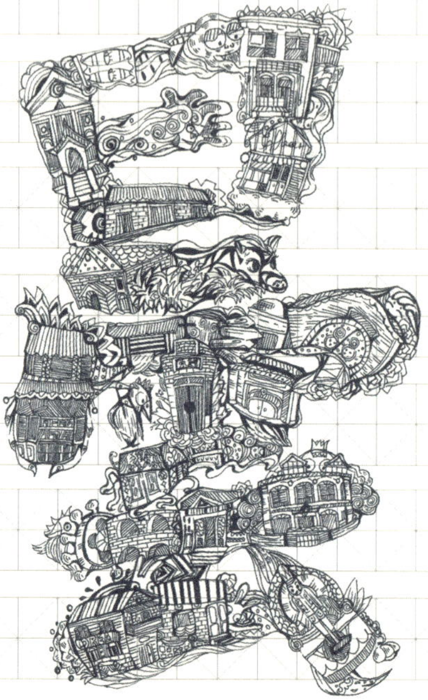

昙华林

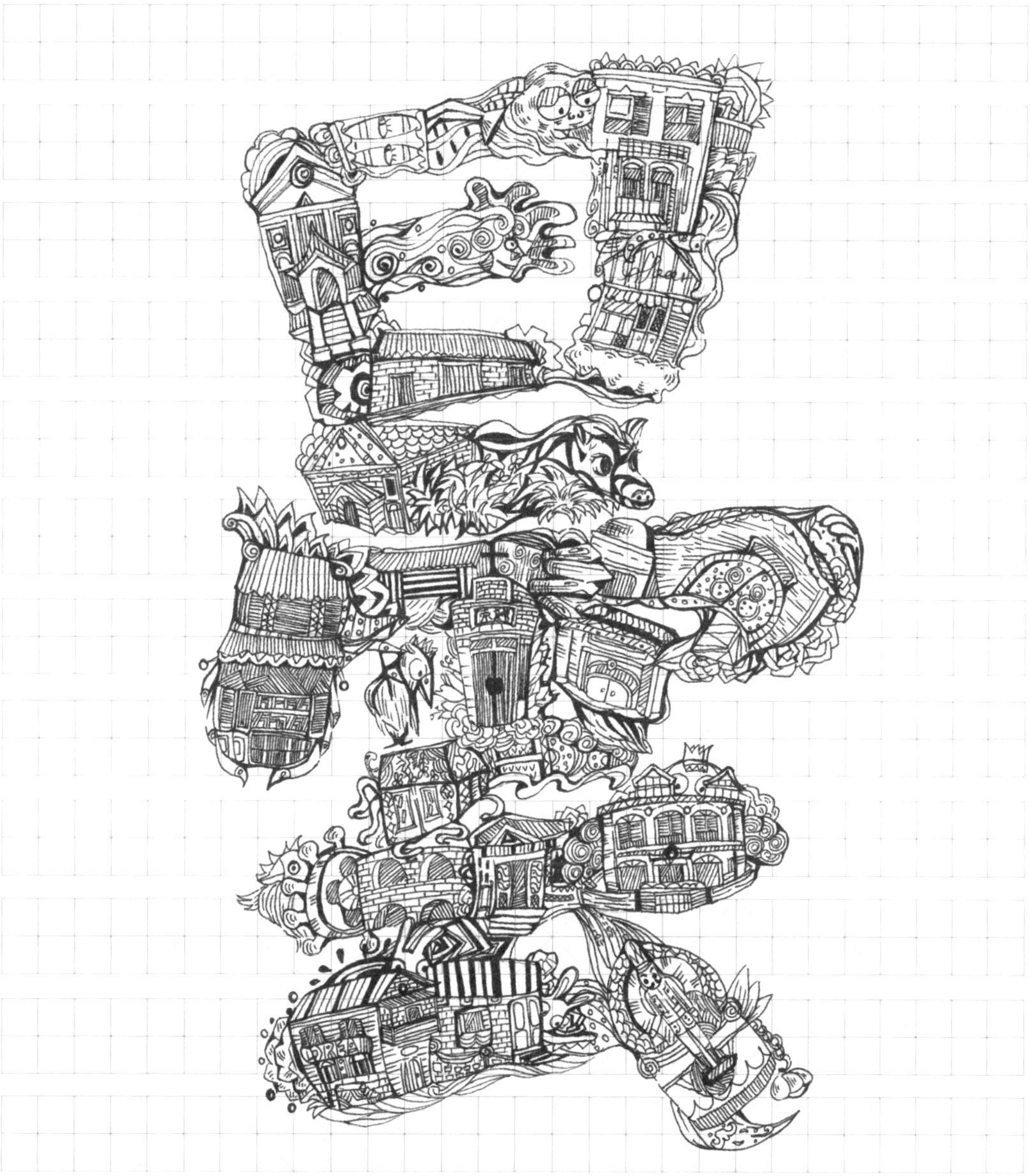

昙华林不仅与佛有缘，最近一百年来，还与基督教有着千丝万缕的联系。在昙华林街头举目四望，跟基督教有关的建筑可说不胜枚举。比如原为英国伦敦教会医院的仁济医院，是近代西方医院传入武汉后保存最完好的医院。这所医院由英国传教士杨格非创建，采用中西合璧式的砖木结构，文艺复兴风格的廊柱和中国式下沉回廊相互映衬，创造出一种独特的美感。又如美国圣公会创办的文华书院，是今日华中师范大学的前身，其建筑许多仍旧保存完好，其中有名为“圣诞堂”的校园礼拜堂，为纯然的西式建筑，廊柱仿古希腊风格；校园里还有武汉最早的公共图书馆文华公书林，教化了近代武汉一批又一批的民众。此外还有花园山教堂和崇真堂、嘉诺撒小教堂、瑞典教区和天主教教区等宗教相关建筑。置身昙华林，仿佛置身于一派安宁祥和的宗教氛围之中。

昙华林的年纪，大概跟朴园门口那棵 300 岁的朴树仿佛。明清时，这里曾是湖北各县秀才下榻、苦心研读备考的地方，后来成为清廷负责地方军事的衙门所在地，来往穿梭的人也变成了官员和士兵，于是有了“戈甲营”的名号。19 世纪汉口开埠，昙华林因靠近汉口和武昌行政机构的关系，逐渐形成华洋比邻而居的局面。洋人与官员、传教士和老百姓，在这里来了又走，纷纷攘攘。因为有洋人办的学校、图书馆和医院，这里又成为进步青年聚会结社的地方。吴禄贞的“花园山聚会”，刘静庵的“日知会”，熊十力的“黄冈军学界讲习会”，梁耀汉的“群学社”相继从这里走出，辛亥革命的火苗也在这里默默酝酿。

昙华林眼下已是一条安静的小街，各具风情的小店、咖啡馆排列在巷子两侧，没有火爆的喧嚣，只有温暖的午后，安静徜徉的惬意。旧时候种花卖花的雅趣也保留了下来，昙华林也算名副其实了。优雅宁静的昙华林还是湖北知名的艺术家聚集区。在这里，艺术的典雅向历史的沧桑致敬，它们一见倾心，立刻迸射出了无限风华，让人乐于沉醉在此氛围当中。周围湖北美术学院美术馆、汉绣坊、徐世鸣艺术馆、云架桥画派、达达画室、尚艺坊、半亩园艺术中心等艺术场所，“斑马大街”“大水的店”等一众创意小店，一同塑造了昙华林的文艺气质。

Changchun Taoist Temple 长春观

长春观是武汉市区内唯一的道教活动场所，也是道教著名的十方丛林，坐落于双峰山南侧，大东门一带。故老相传，古楚之地，巫风大盛，长春观所在之处，正是王侯祭祀天地、祖先的场所。早在公元前 3 世纪，这里就有宗教建筑出现。传说老子曾应弟子邀请，赴庐阜“会五老”，于此“施教，设先农坛、神祇坛”。南宋朱熹《鄂州社稷坛记》如此记载：“城东黄鹄山下，废营地一区。东西十丈，南北倍差，按政和五礼画为四坛。”如今的长春观一般被认为建于元末或明初，为道教全真派掌教邱处机之门徒所建，因邱处机号“长春子”，故得名长春观。

长春观有“三绝”，是国内其他地方所未见。一是全国只剩一块的天文全景图石碑。该石碑镶嵌在长春观忠仁堂门口的石壁上，所刻内容是以北天极为中心的圆形全天星图，包括了中国古代星空的三垣、二十八宿、众星官体系，是极为珍贵的天文学文物。二是带有藏族风格及欧式风格的建筑。长春观是我国唯一一个带有这类风格的道教建筑群。据说是因为清末助建长春观的钦差大臣满人官文崇信藏传佛教，工匠受其影响，将藏族吉祥物大象及藏红花图案装饰于殿堂。兼之清末长春观主持侯永德出家为道前，原是左宗棠手下将官，受西方思潮影响，便以欧式风格和中式风格相结合，修建了全国唯一的以欧式建筑为主体的道教建筑——道藏阁，其屋檐上用水泥“堆塑”而成的传统花饰，工艺现已失传。三是乾隆御赐“甘棠”石刻。石刻位于道藏阁前，有乾隆亲书“甘棠”石刻，是道教建筑中为数不多的帝王题词。

长春观所在的双峰山，山后曾有一片湖汊，因多有松树而得名“松岛”，风景清幽，湖港连阡陌，舟船竞汇聚，是一块不可多得的风水宝地。老子便曾“西入长松之岛，双峰之山，湖港之乡”。观内古木新树葱郁、红烛香烟缭绕、道经古乐齐鸣，既是宗教圣地，又是市民们节假日放松身心，感受别样文化的场所。2014 年，一位憨态可掬的小道姑走红网络，长春观也一举进入了网络时代公众的视野。因大东门已是武汉市中心闹市区，所以常可见到道士与信众走在熙熙攘攘的人群中，古老与现代交相辉映，真可算是武昌街头一道不寻常的风景。

长春观自元末明初修建之日起，就在不断扩建，直到形成现在的规模。它坐北朝南，依山而建，前殿后庑，门廊过道，臻于完善，形成分为左、中、右三路，依山势而上、层层递进的建筑群，结构严谨，布局得体。中路主体建筑为五进：灵官殿、二神殿、太清殿、古神坛、古先农坛，两坛之间为“地步天机”和“会仙桥”；右路为十方堂、经堂、大客堂、功德祠、大士阁和藏经阁等；左路为斋堂、寮堂、邱祖殿、方丈堂、世谱堂、纯阳祠等。主要建筑为砖木结构，斗拱飞檐，梁柱栏板和殿内神龛的雕刻细腻生动，精致典雅，具有典型的湖北道教建筑艺术特色。

Uprising Gate

起义门原名中和门，始建于明洪武年间。武汉地处中原中枢，控扼长江腹地，是清末列强竞相争夺的重点地区，也是较早开始近代化进程的地区之一。1911 年 10 月 10 日，湖北新军工程营起义后，迅速控制此地，南湖马炮营得以从此门入城，在城头架炮轰击湖广总督府，掀开中国近代史新的一页。为纪念辛亥革命武昌起义的胜利，中和门改名为起义门，并成为辛亥革命的标志性建筑。

起义门

张之洞在武汉推行“新政”，编练新军。谁料这支原本打算用来拱卫清王朝的部队，在接受新式教育的同时，也开始接受进步思想，并通过秘密结社，建立了数个拥有政治理想的革命团体。1911 年，在全国各地革命形势不利的情况下，一直默默无闻的湖北新军，居然成为清王朝的最后掘墓人，开启了中国大变局。 1911 年 6 月，四川保路运动升级，清政府抽调包括湖北新军在内的武装力量前往弹压。湖北新军主力调走后，武昌空虚，新军中剩下的革命党人，遂觉箭在弦上，不得不发。进步团体共进会、文学社领导人进行秘密集会，商讨起义事宜。起义前夕，因消息泄露，部分领导人被抓捕，到 10 月 10 号，城内人心浮动，起义呈一触即发之势。

革命，往往意味着流血，除却敌人的鲜血，也有同志的热血。轰轰烈烈的武昌起义，由三位革命志士的身死拉开序幕。1911 年 10 月 9 日上午，革命党人检验炸药时不慎爆炸，引来军警，革命党人花名册等被查获。总督府下令全城戒严。下午，革命党人杨洪胜运送炸弹时被发现，他索性投出炸弹，自已被炸伤。晚上，在起义总指挥部开会准备举事的彭楚藩和刘复基被捕。敌人连夜组织会审，彭楚藩鄙夷地拒绝了敌人的诱供，笑道：“我就是革命党，你没抓错！”次审刘复基，他死意已决，坦承参与革命，并大骂清吏无耻。三审杨洪胜，他被押至庭前时，已因伤而血肉模糊，不等主审官发问，便怒骂：“老子就是革命党，要杀便杀，有什么要问的！”三人终被押往东辕门处决，三颗不屈的头颅被屠刀砍下，茫茫黑夜里，似乎可以听到清廷的丧钟已然敲响。

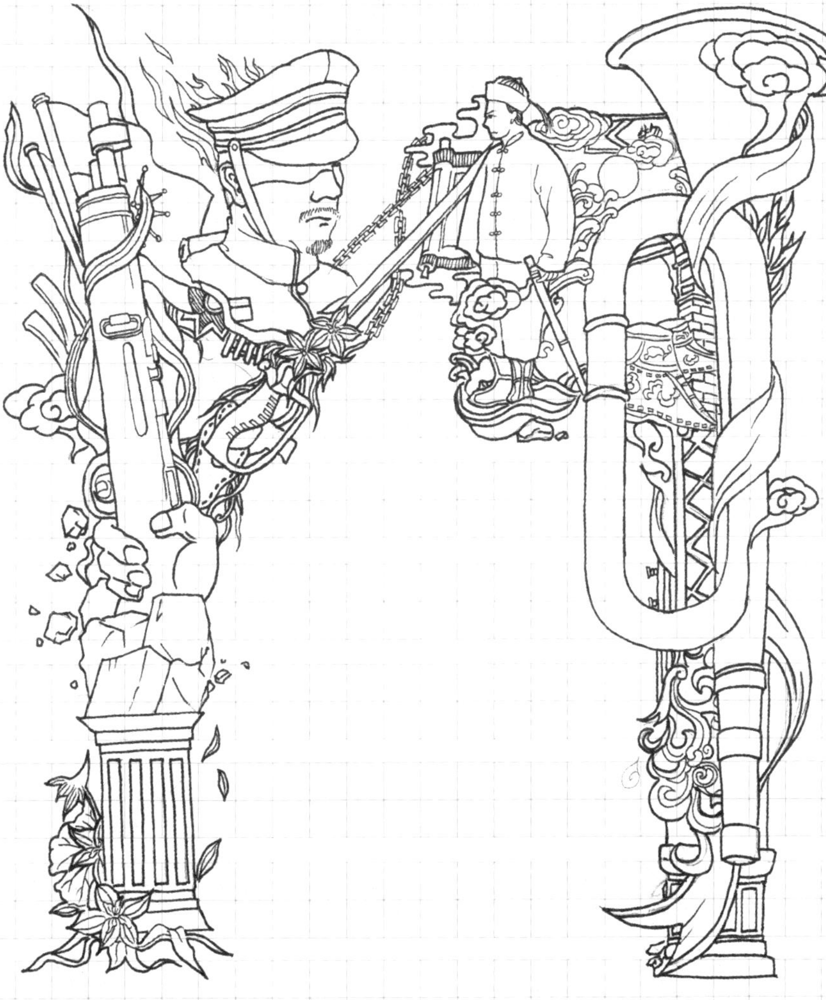

10 日，革命党人决定提早起义，因弹药枪械不足，需夺取楚望台（在今起义门东面山岗上）军械库。傍晚，起义军参谋长熊秉坤忽然听得二排宿舍有骚动。原来，二排正目、共进会支队长金兆龙等与清方营官、队官、司务长、排长在二楼发生正面冲突，其中共进会员程正瀛响应金兆龙“动手”召唤，向排长陶启胜开枪，又向队官黄坤荣、司务长张文涛及营主阮荣发开枪，打响“首义枪声”。起义士兵很快攻占了楚望台军械库，武昌城内外各标营的革命党人也纷纷率众起义，并赶向楚望台。起义人数多达 3000 多人。中国革命之火，终于在此地点燃。

Museum of Wuchang Uprising of 1911 Revolution

起义门的硝烟还未散尽，关于革命的前途问题，大家都觉得需要找个地方，坐下来好好商量一番。看来看去，一片暮气沉沉，也就红楼还有几分新的气象，是最不坏的选择。所谓红楼，指的是湖北咨议局。1905 年，清廷宣布“预备立宪”，在各省筹设咨议局，议论本省应兴应革事件，预算、决算、税法、公债，及应负义务种种。按照清政府官方解释，咨议局的性质和作用，是在正式议会尚未成立之前，作为民众练习议政的场所，也就是说，各省咨议局相当于各省的“临时议会”。湖北咨议局于 1910 年建成，红墙红瓦，武汉人根据其建筑色彩，称之为红楼。今天的红楼位于武昌阅马场，西邻黄鹤楼，北倚蛇山，南面首义广场，已成为辛亥革命武昌起义纪念馆，是市民们缅怀先烈，休闲踏青的处所。百年前的革命志士，看到今天红楼前一派安宁祥和，想必心中快慰。

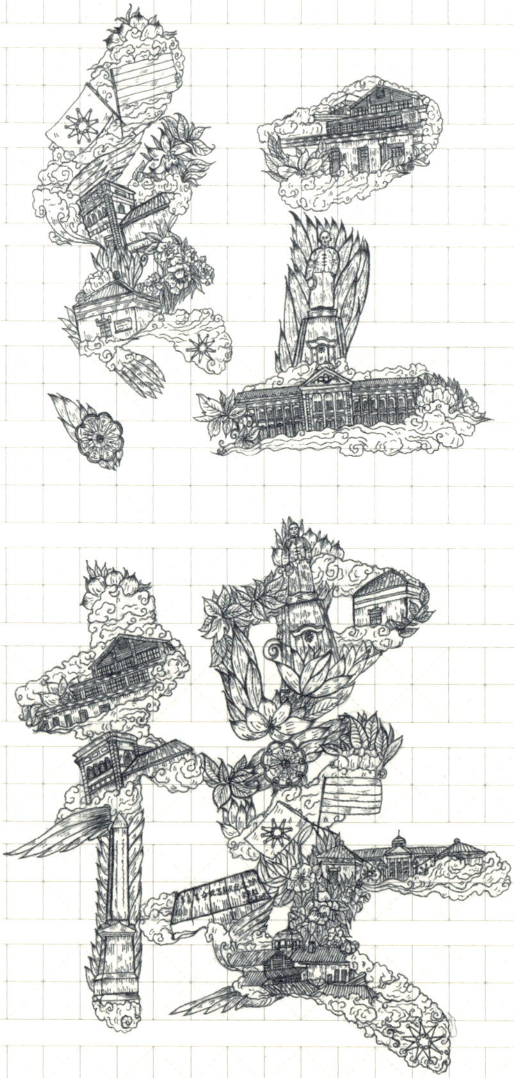

红楼

1911 年 10 月 11 日，红楼会议厅里，人们商讨着组建军政府和推举都督人选等事宜。除革命党人吴醒汉、徐达明等十余人外，还邀请原咨议局议长汤化龙、副议长张国溶以及议员数人，旧军官吴兆麟也一并参加。会议请汤化龙主持。吴兆麟提议由第 21 混成协统领黎元洪担任都督，立宪派一致拥戴，部分革命党人因为黄兴、宋教仁不在武昌，彭楚藩、刘复基、杨洪胜被害，孙武被炸伤，蒋翊武被迫逃跑，没有更好的人选，也表示同意。因此会议通过了以黎元洪为都督，汤化龙为民政总长（一说为总参议）的方案。革命党军驱逐末代湖广总督瑞澂出城后，即率队包围黎元洪住处，强迫他“主持大计”。湖北咨议局又拿出早已准备好的安民布告，替黎元洪签上了“黎”字。虽然此时黎元洪处于被软禁状态，但他的威望稳定了军心，巩固了胜利的果实。

当公推黎元洪任都督的消息到军中，士兵们都鼓掌欢呼。当天下午，《中华民国军政府鄂军都督黎布告》张贴于武汉街头时，“到处挤满了观众，不识字的人请识字的人念给他们听。武昌街头巷尾，可谓人头攒动，群情兴奋，许多人流下热泪，感到扬眉吐气”。以鄂军都督黎元洪名义迅速发出的一系列电文，加快了各省的响应速度，加剧了清统治集团分化。1911 年 10 月 11 日，革命党人在汉阳发动起义，随后攻占汉口。至此，武汉三镇全部光复。不久，南方各省纷纷起义，长江以南几乎全部为革命军据有。1911 年 12 月 28 日，湖北、湖南共十三省宣布独立，1912 年 2 月 12 日，隆裕太后携六岁皇帝在养心殿举行最后一次朝见仪式，中国两千年帝制就此宣告终结。

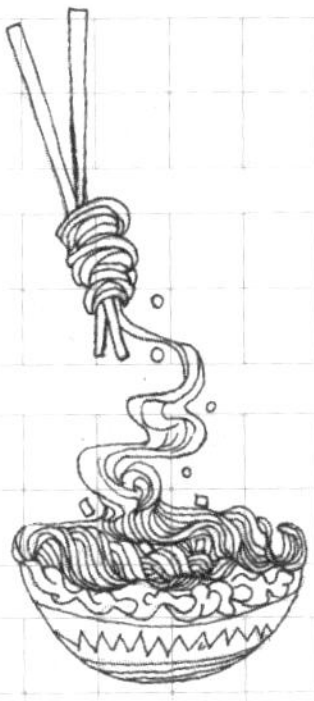

Chu River and Han Street

楚河汉街是武汉近年来新兴的一条商业步行街，总长 1.5 千米，是目前世界上最长的步行街。汉街因沟通东湖与沙湖的楚河而生，沿其南岸而建，拥有丰富的商业内容和众多的时尚流行品牌。在规划设计上，以文化为核心，突出文化特色，引进大量文化品牌，其中包括一批世界级文化项目，如世界顶级的演艺剧场、世界唯一的室内电影文化主题公园等，力求成为中国最具文化品位的商业步行街。

楚河汉街

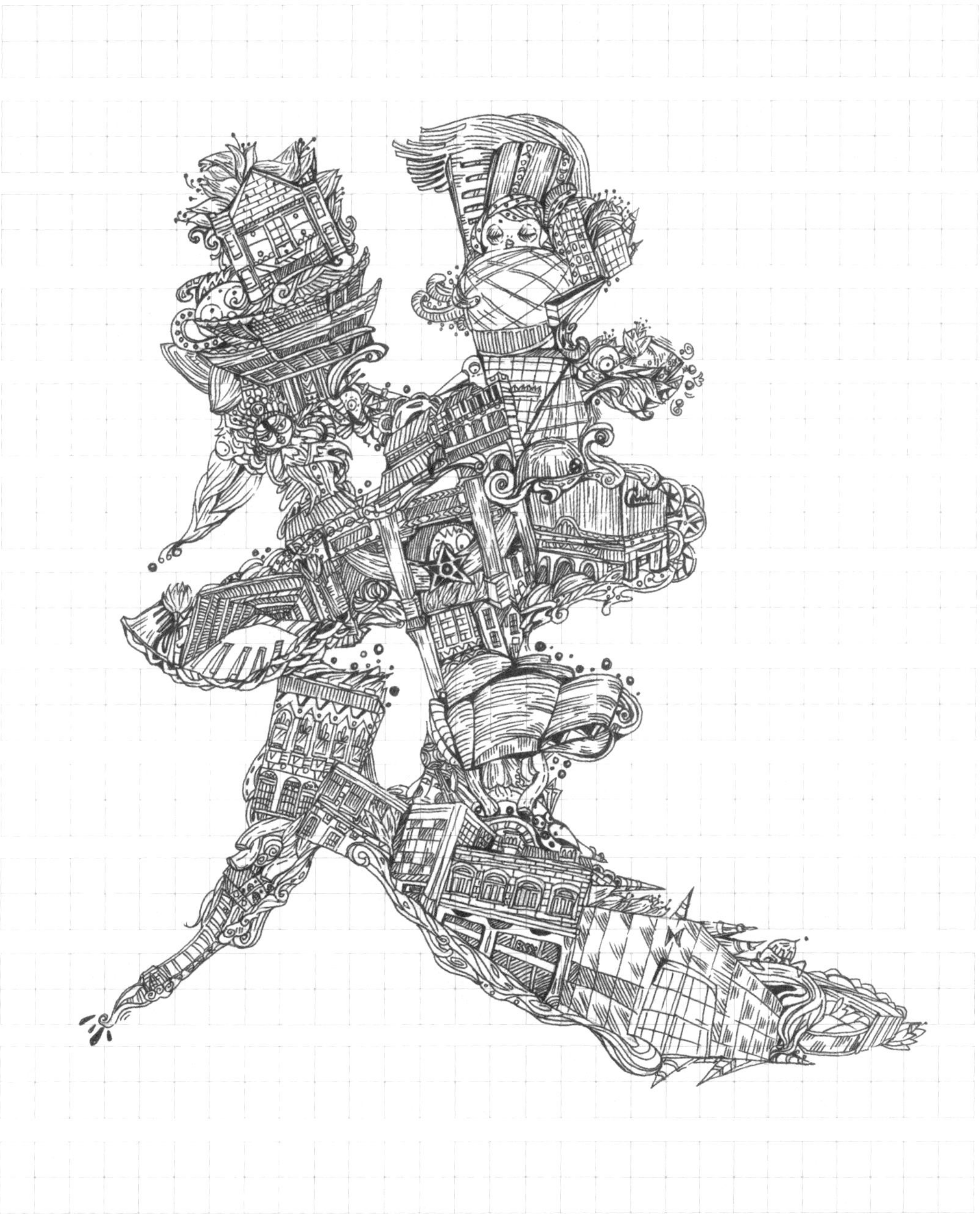

与一般商业街采用现代建筑不同，汉街的主体建筑采用民国风格，又将极具时尚元素的现代建筑和欧式建筑穿插其中，实现传统与现代的完美融合。红灰相间的清水砖墙、精致的砖砌线脚、乌漆大门、铜制门环、雕着巴洛克式卷涡状山花的门楣、石库门头、青砖小道、老旧的木漆窗户，置身其中，仿佛时光万千变幻熔于一炉，构成了现代版的《清明上河图》。汉街上的电影文化公园、汉秀表演、五座名人广场、大戏台、杜莎夫人蜡像馆、文华书城等富有人文趣味的建筑与场所，为楚河汉街积淀了浓郁的文化氛围。这也许才是作为武汉文化中心——武昌的商业街应有的风情。

楚河全长 2.2 千米，连通东湖和沙湖，构建出河滨绿树成荫、步移景换的自然风貌。它是武汉市“六湖连通水网治理工程”的首个工程。武汉虽然有着众多市内湖泊，但其中相当一部分由于水流不畅等原因，产生了严重的水污染问题，将大小湖泊与长江、汉水相连接，利用动态水网促进水体流动，提升水体的综合处理能力，成为解决这些湖泊水污染的一条可行办法。而对于武汉市民来说，连通湖泊与长江、汉水，并与商业步行街汉街相结合，既能让家门口原来臭烘烘的湖泊变干净，又能坐上游船，从沙湖出发，经楚河，饱览汉街美丽建筑，再往东湖风景区游玩，简直是一举多得！

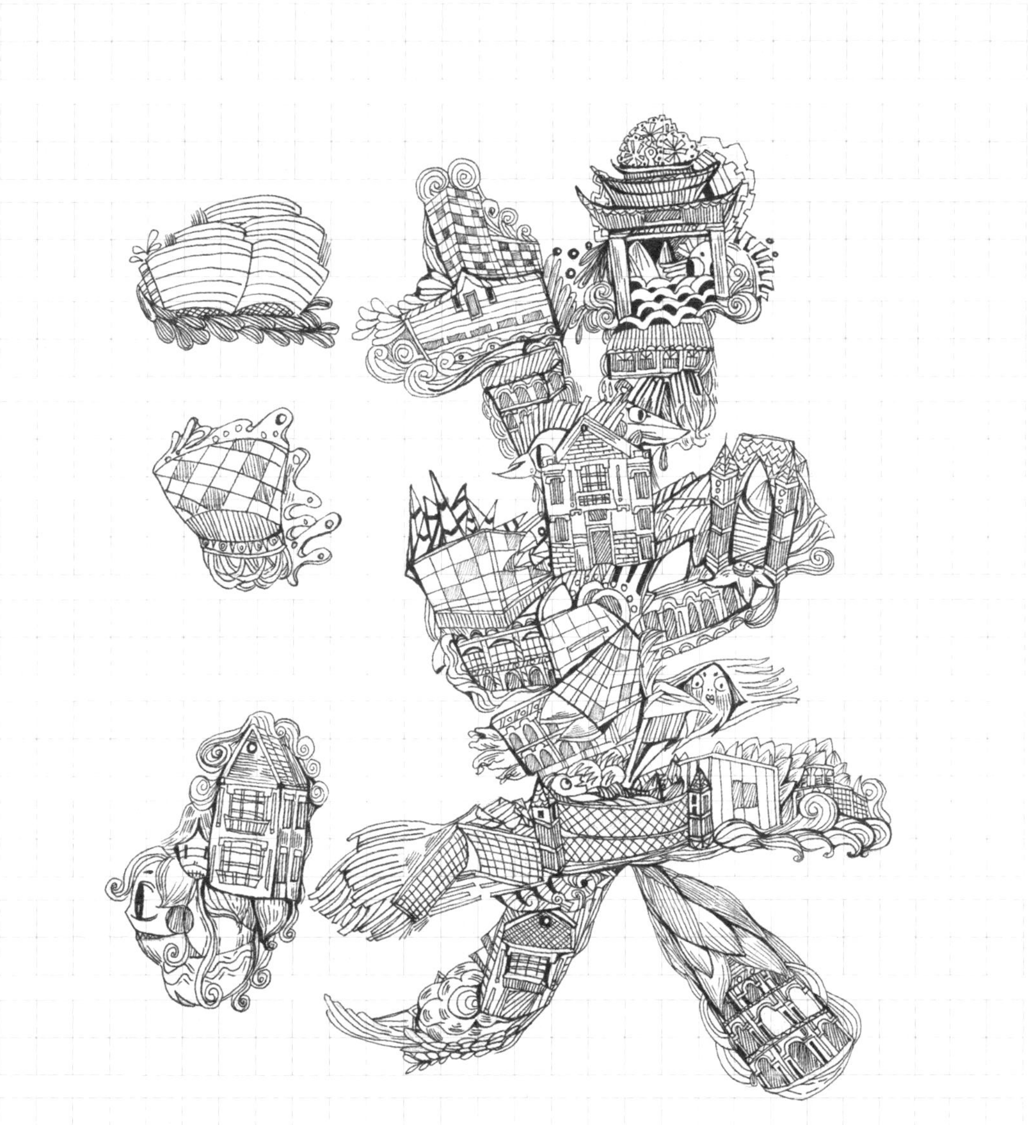

看着“汉秀”那糅合了舞台剧、杂技、水上芭蕾、跳水等多种表演形式，运用了水幕、高科技的舞台机械等设备，并通过声光电的运用，辅以量身定制的拥有可移动座椅等舞台设施的戏剧性表演，脑中总会不由自主地回想起武汉杂技的辉煌历史。“武汉杂技”是第四批国家级非物质文化遗产代表性项目，有着百年的传承历史。早在1840年就有湖北天门、沔阳等地民间杂技艺人到武汉卖艺，《汉口竹枝词》曾如此记述：“走索车坛尽女娃，十人倒有九人麻，看钱丢罢还求赏，手捧铜锣到处扠。”武汉杂技鲜明的荆楚地域特色、精湛的技艺、巨大的文化价值和社会影响，在汉秀表演中得到了辉煌的传承和发扬。

楚河汉街不远处的螃蟹岬，曾坐落着全国八大美院之一、华中艺术最高学府——湖北美术学院。1926 年 2 月，湖北督军萧耀南病死于武昌督府，寓居汉口的吴佩孚趁机掌控湖北军政大权，草创的湖北美术学院前身——武昌艺术专科学校，在那时迎来了第一个黄金时代。武昌艺专创始人之一的蒋南圃是吴的副官，在汉多年，颇有文名。借着他的关系，武昌艺专当时买和建了不少漂亮的房子。比如后来的军人俱乐部，就是其老校舍，有七八上十重房子。屋后还曾有一个湖，名字很美，叫歌笛湖。主建筑是临街的一栋大楼，柱头是罗马式的，比当时江汉关的柱头还高。湖美与一旁的楚河汉街、湖北省图书馆、粮道街、昙华林、东湖、沙湖一起，可说是武昌的人文与自然风情的精华。

Wuhan University 武汉大学

武汉大学，是中国最古老的高等学府之一，其前身是张之洞于 1893 年创办的自强学堂，1913 年改名国立武昌高等师范学校，1926 年组建国立武昌中山大学，1928 年定名国立武汉大学，是民国四大名校之一。1949 年新中国成立后，更名武汉大学，沿用至今。武大培养的一代代栋梁之材，为民族振兴和人类进步作出了重大贡献。武大校训是“自强、弘毅、求是、拓新”。“自强”语出《周易》“天行健，君子以自强不息”，意为自尊自重，自立图强，不断奋发向上。自强是中华民族的传统美德，成就事业当以此为训。“弘毅”出自《论语》“士不可以不弘毅，任重而道远”一语，意谓抱负远大，坚强刚毅。“求是”即为博学求知，努力探索规律，追求真理，语出《汉书》“修学好古，实事求是”。“拓新”，意为开拓、创新，不断进取。这四点，是武汉大学精神的最好总结。

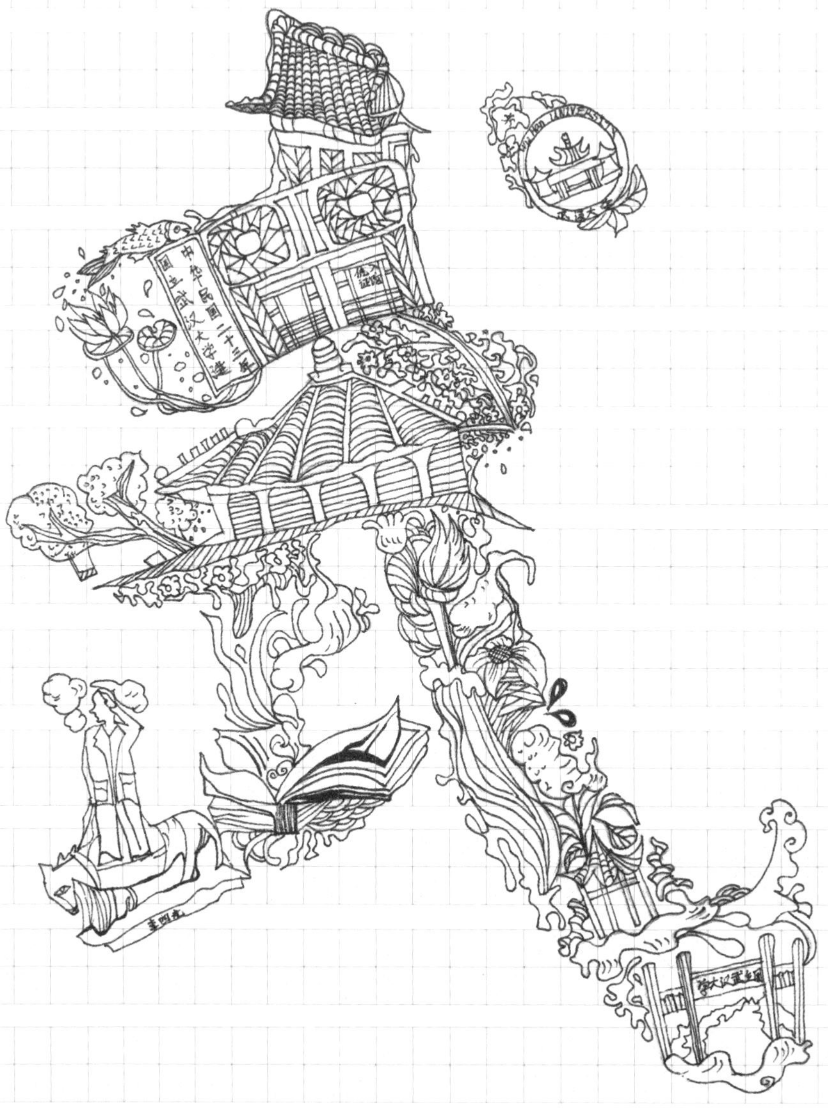

武大环绕东湖水，坐拥珞珈山。池莉将武大比喻为“学院版的北京故宫”。李约瑟先生曾发出惊叹：“我还没有见过这样用整座山的基础来构思的建筑！”校园内中西合璧的宫殿式早期建筑群掩映在山林之中，古朴典雅，巍峨壮观。其中最具代表性的当属老图书馆，位于珞珈山顶，是武汉大学的至高点，被看作武汉大学的精神象征。武汉大学校园以樱花最为闻名，每年三月下旬开始盛开，吸引全国数百万游客前来赏花。武大靠近东湖处有栈桥。每年夏天，一场暴雨过后，东湖水位急剧上升，栈桥便被淹没在水中。人行走在栈桥上，仿佛凌波微步，加上雾气缭绕，一种难以言喻的奇幻感油然而生。此外，武汉大学还有夏桂飘香，红枫满山，寒梅傲雪，以及一墙墙碧绿的爬山虎……

没有大师，大学只是空谈。1928 年筹备武汉大学时，时任代理校长的刘树杞亲赴南京，恳请闻一多出任武大文学院的首任院长。为此闻一多来到武汉就任，讲授“西洋美术史”和“现代英美诗”等课程。当年，珞珈山还叫落驾山，又名罗家山，有些不登大雅之堂，闻一多大笔一挥。建议更名为谐音的“珞珈山”，顿使新生的武大平添了些许诗情画意。在武大，闻一多不甘于只做一个诗人，他为自己制订了系统的研究计划，从杜甫诗歌研究出发，一步步深入到古代神话、《诗经》、《楚辞》、《周易》、《管子》、《庄子》、乐府、古文字学（甲骨文和钟鼎文）、古音韵学等诸多领域，取得了辉煌的成就。闻一多的大师之路，可以说就是在珞珈山上铺就的。

老武大的牌坊是武汉大学驰名中外的一处景观，它不仅是游客游览武大校园时必然留影之处，更是武大百廿年历史的见证者。牌坊上“国立武汉大学”六个大字从右向左书写，按如今从左到右的顺序读，就成了“学大汉武立国”，意味巧妙，有慷慨豪迈之气。说起来也非完全是今人的附会，1950年，武大教授吴于廑就第一次公开提出了这一说法，用以激励武大学子。这倒也不失为一段因巧合而衍生出来的佳话。

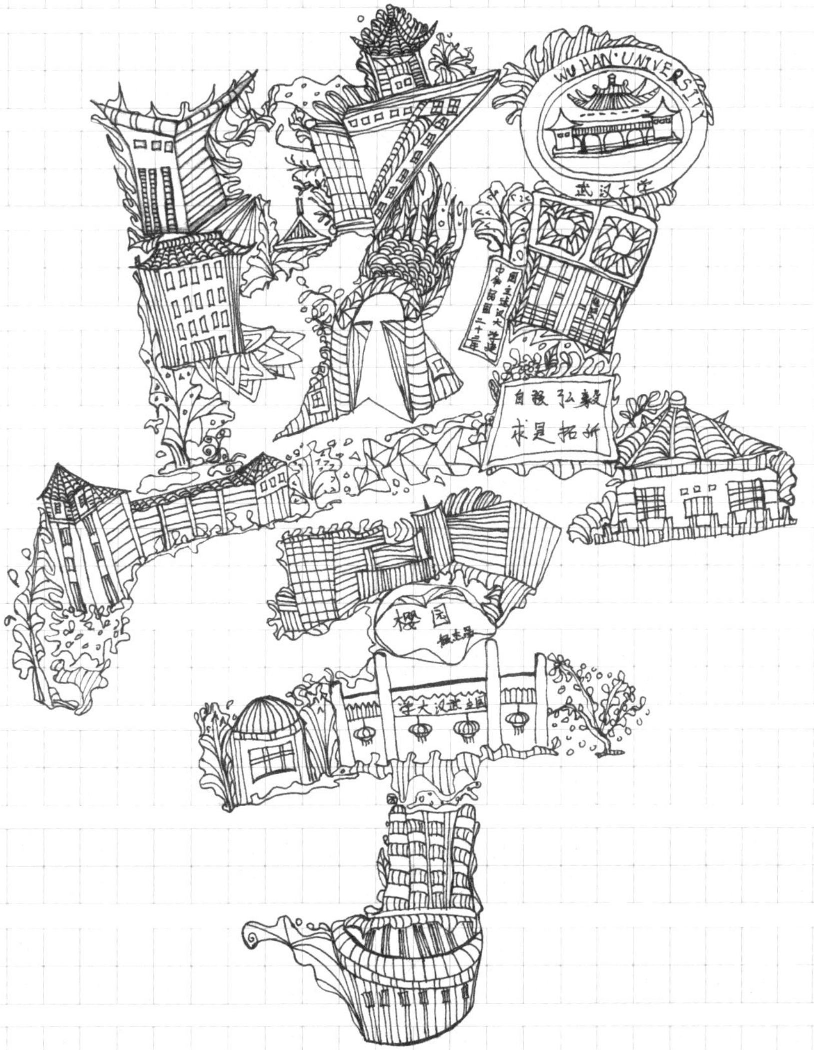

大师与大楼之辩，辩了好多年，其实没有大师，连大楼都建不好。武大的气质和秀美有一半要归结于她依山傍水的地理位置。当我们感叹珞珈山的四季美景时，不应忘记曾经为其选址与建设立下过汗马功劳的李四光。1928年，国民政府决定组建国立武汉大学，任命李四光为建设筹备委员会委员长。新校址应选在何处？李四光先生带着干粮和水，骑上小毛驴，出大东门，往远处眺望，只见罗家山下的东湖烟波浩渺、景色宜人，有山有水、动静相宜，能启迪人的灵性，是办学校的宝地，于是环绕罗家山画了一个圈，武大的校址也就定下来了。接着，他又推荐美国工程师开尔斯来设计校园，吸纳了西方建筑的科学理念。其中老图书馆竣工于1932年，由于设计上非常重视自然采光，所以直到今天，这里依旧光线充足，适合读书。这些中西合璧、中心对称的建筑，在今天看来，仍然经典。可以说，一位大师成全了一所大学一百年。

Yellow Crane Tower

黄鹤楼为何以“黄鹤”为名，有一种带有神怪意味的说法。说曾有个姓辛的人，在蛇山一带卖酒为业。一天，来了个衣衫褴褛的道士（距黄鹤楼不远处就是道教圣地长春观，所以这是很有可能的事情）来喝酒，却付不出酒钱。辛氏为人心善，不以为意。谁知那道士居然习以为常，“白酒”一喝就是三年，每天一杯，直到喝完第一千杯的时候，道士用黄色的橘子皮在墙壁上画了一只黄鹤，没想到这黄鹤居然从墙上跃下来起舞助兴，从此这间小酒店生意日隆，很快成了大酒楼。十多年后，道士又来此地，说自己已将恩情还清，取出笛子吹了一曲，那黄鹤飞跃而下，道士跨坐于其上，翩然而去。辛氏为了表示对道士的纪念，就给自家酒楼取了“黄鹤楼”这个名字。

黄鹤楼

神怪的说法，大约只是小说家言。另有一种比较可信的说法是，相传东吴黄武二年（223年），曾于黄鹄矶上建楼。“鹄”是天鹅的意思，也就是“燕雀安知鸿鹄之志”里那有着直上青云志向的飞鸟。大约黄鹄矶上曾有天鹅出没。较之“鹄”，“鹤”显然更出名一点，也是附近盛行的道教当中的神鸟之一，后人错将“鹄”以为“鹤”，以讹传讹，便成了“黄鹤楼”名字的由来。当年的黄鹄矶位于长江大桥正下方，是蛇山西端突入江中的矶石。1957年，武汉长江大桥武昌桥头占用了黄鹤楼旧址，矶石也不再裸露在外了。民国学者朱东润曾写道：“我在黄鹄矶头住，黄鹄一去十四年。”现如今如果问问住在江边的老人，也许还能打听到一点有关黄鹤楼出生地的消息吧。

黄鹤楼原为三国时代东吴夏口城瞭望守戍的“军事楼”，随着三国归于一统而失去了军事价值，又因江夏城的发展，逐步演变成为官商行旅“游必于是”“宴必于是”的景点。然而兵火频繁，黄鹤楼屡建屡废，仅在明清两代，就被毁七次，重建和维修了十次，有“国运昌则楼运盛”之说。此前一座建于同治七年（1868 年），毁于光绪十年（1884 年），遗址上只留下一个铜铸楼顶。黄鹤楼后于 1981 年重建，1985 年 6 月方告落成，主楼以清同治楼为蓝本，但更高大雄伟。各层大小屋顶交错重叠，翘角飞举，仿佛是展翅欲飞的鹤翼。虽不是古物，但遥望长江，亦能作怀古之叹。描写黄鹤楼盛景的诗词，崔颢早已“一言以蔽之”，诗仙太白也只能“眼前有景道不得”了，后有好事之人据此修建了一座李白“搁笔亭”，就在如今黄鹤楼内崔颢题诗壁的对面。